Lotte Bormuth

Wie ein bunter Blumenstrauß

Wahre Geschichten

Großdruck

Verlag der Francke-Buchhandlung GmbH

Über die Autorin:
Lotte Bormuth ist eine der erfolgreichsten christlichen Autorinnen des deutschsprachigen Raumes. Fast eine halbe Million Exemplare ihres mehr als 50 Titel umfassenden Werkes haben mit Lebensbildern, Berichten und selbst erlebten Begebenheiten unzähligen Menschen Trost, Mut und Freude am Glauben vermittelt. Sie hat 5 Kinder und 13 Enkelkinder und lebt mit ihrem Mann in Marburg.

Bibliografische Information Der Deutschen Bibliothek
Die Deutsche Bibliothek verzeichnet diese Publikation in der Deutschen Nationalbibliografie; detaillierte bibliografische Daten sind im Internet über http://dnb.ddb.de abrufbar.

ISBN 978-3-86122-849-3
ISBN 3-86122-849-1
Alle Rechte vorbehalten
© 2006 by Verlag der Francke-Buchhandlung GmbH
35037 Marburg an der Lahn
Umschlaggestaltung: Henri Oetjen, DesignStudio Lemgo
Satz: Verlag der Francke-Buchhandlung GmbH
Druck und Bindung: CPI Moravia Books, Korneuburg

www.francke-buch.de

Inhaltsverzeichnis

Mozartkugeln und Warten auf den Tod 5
Ein leckerer Studentenkuchen 13
Eine besondere Trauung 17
Unser Miteinander – leben, streiten, lieben 26
Endlich können wir Weihnachten feiern 42
Schlafen in tausend Betten 48
Nichts ist schöner als Heimkehr 61
Vom Schmerz 69
Die Tragödie im Raumschiff 86
Das Geld im Schlamm 90
Zur Versöhnung bereit 93
Wenn Friede mit Gott 97
Der Geiger – eine wahre Geschichte 100
Du sollst Prediger werden 103
Sammy soll wieder fröhlich werden 106
Die Engel haben mich bewahrt 112
Ein Strauß herrlicher Gerbera 116
Kartoffeln, Kartoffeln! 117
Das Kätzchen, das vom Himmel fiel 122
6 Uhr 33 am Morgen 124
Emanuel ist geboren 127
Weihnachten nach dem 11. September 2001 130
Tage, die nicht gefallen 136
Gerade in der Nacht leuchten die Sterne 141
Im Leiden stark 144
Schaffende, helfende, segnende Hände 146

Was mich beglückt 155
Die Kunst des Redens und Schweigens 161
Nur nicht ärgern 168
Vater, hier bin ich 171
Unser Manni 177
Der Rabe Ey du 182
Unser letztes Weihnachtsfest in Polen 198
Eine Odyssee geht zu Ende, und das Leben mit Jesus
beginnt 203

Mozartkugeln und Warten auf den Tod

Wir hatten meine Mutter besucht und sie in keinem guten Zustand angetroffen. So zögerten wir nicht, packten sie in warme Decken und nahmen sie im Auto mit zu uns nach Marburg. Die Fahrt war sehr bedrohlich, denn Mutter litt an Atemstörungen. Es ging ihr immer schlechter. Als wir in Marburg ankamen, brachten wir sie deshalb sofort ins Diakoniekrankenhaus. Sie brauchte dringend Hilfe, denn sie wurde immer schwächer.

Als ich sie am nächsten Morgen wieder besuchte, empfing mich schon der Chefarzt, führte mich in sein Untersuchungszimmer und teilte mir mit: „Ihrer Mutter geht es sehr schlecht. Sie hat eine Lungenentzündung, und ich kann Ihnen nicht sagen, ob sie diese Nacht überleben wird."

Ich war erschrocken und beschloss, bei Mutter zu wachen. Freundlicherweise hatte man ihr Bett in ein Einzelzimmer geschoben. Es wurde ein langer Tag und eine noch längere Nacht voller Angst und Traurigkeit. Wir warteten auf den Tod, und er kam nicht. Ich nahm Mutters Hand in die meine, betete mit ihr und sang ihr Lieder vor, die sie besonders liebte. Wie sehr bewegte sie der Choral:

*„Jesu, geh voran auf der Lebensbahn,
und wir wollen nicht verweilen,
dir getreulich nachzueilen.
Führ uns an der Hand
bis ins Vaterland!*

*Soll's uns hart ergehn, lass uns feste stehn.
Und auch in den schwersten Tagen
niemals über Lasten klagen;
denn durch Trübsal hier
geht der Weg zu dir.*

*Rühret eig'ner Schmerz irgend unser Herz,
kümmert uns ein fremdes Leiden,
o so gib Geduld zu beiden;
richte unsern Sinn
auf das Ende hin!*

*Ordne unsern Gang, Jesu, lebenslang.
Führst du uns durch raue Wege,
gib uns auch die nöt'ge Pflege.
Tu uns nach dem Lauf
deine Türe auf!"*

Wir hatten diesen Choral auch an Vaters Sterbebett gesungen, und Mutter erinnerte sich daran, dass er auch bei ihrer Hochzeit erklungen ist. Dankbar war ich in diesen Stunden über die Psalmen. Es gibt wohl kaum trostvollere Worte in der Bibel. Psalm 23 sprach ich ihr laut vor, und einige Verse murmelte sie leise mit, obwohl ihr manchmal die Stimme versagen wollte.

In der Nacht verschlechterte sich ihr Zustand zusehends. „Lotte", bat sie, „in meiner Handtasche sind ein kleines Notizbuch und ein Bleistift. Ich will dir jetzt sagen, wie meine Beerdigung gestaltet werden soll." Jeremia 31,3 war schon ihr Konfirmationsspruch gewesen. Er sollte sie auch am Ende ihres Lebens in Gottes neue Welt hinübergeleiten: „Ich habe dich je und je geliebt, darum habe ich dich zu mir gezogen aus lauter Güte." Ich dachte diesem Wort nach, und es führte mich ins Staunen. Ist es nicht wunderbar, dass ein Mensch sich ganz von Gottes Liebe getragen weiß, auch wenn er schwere Führungen zu durchstehen hatte und jetzt der Tod drohte? Schon als kleines Mädchen hatte sie ihre Mutter verloren. Sie war an einem Herzschlag ganz plötzlich verstorben. Abends hatte sie sich noch gesund ins Bett gelegt, und am Morgen fand man sie leblos in ihren Kissen. Welch ein herber Schlag war das für meinen Großvater. Es war schon seine dritte Frau, die er zu Grabe tragen musste. Hier muss ich anfügen, dass die ärztliche Versorgung in Bessarabien noch nicht in ausreichendem Maße gegeben war. Nur in den Städten praktizierten Ärzte, und da gab es auch Krankenhäuser. So starben viele Menschen, besonders junge Mütter bei der Geburt, die man in Deutschland hätte retten können. Zurück blieb meist eine große Kinderschar.

Zwar hatte mein Großvater wieder nach einem Jahr eine neue Frau gefunden, aber die Vielzahl der Kinder aus verschiedenen Ehen hat das Zusammenleben in der Familie nicht leicht gemacht. So konnte einmal die Stiefmutter meiner Mutter zu ihrem Mann sagen: „Jakob, meine Kinder und deine Kinder streiten sich mit unseren Kindern!"

Es war ein Glücksfall für meine Mutter, dass ein junger Mann nach seinem Studium der Agrarwissenschaften für eine gewisse Zeit in ihren Heimatort Sofiofka kam und dort eine Stelle als Lehrer annahm. Er hatte nämlich nicht sofort in seinen studierten Beruf einsteigen können und wurde erst nach einigen Monaten zum Dozenten an ein landwirtschaftliches Institut berufen, das er dann später als Direktor leitete. So war meine Mutter Schülerin meines Vaters. Sie war bildschön, und dieses Mädchen war für den jungen Lehrer wie eine Perle. Gewiss, er musste seine Liebe als Geheimnis im Herzen bewahren. Aber dann heiratete er meine Mutter, als sie 19 Jahre alt war. Meine Eltern galten in diesem Dorf als Traumpaar, und ihre Liebe hat 50 Jahre überdauert.

Es folgte 1940 die Umsiedlung aus Bessarabien – das ist das heutige Moldawien und ein Stück von der Ukraine. Alles bis auf einen Koffer mussten meine Eltern zurücklassen, und sie waren wohlhabend gewesen. „Heim ins Reich!" hieß die Devise, und die etwa 90 000 Deutschen folgten diesem Ruf. Nach einer längeren Lagerzeit wurden wir dann in Polen angesiedelt. Aber diese hoffnungsfrohe Zeit, die mit dem Aufbau eines Gutes verbunden war, dauerte nur drei Jahre. Schon 1945 rückte die russische Front näher, und in einer sternklaren Nacht verließen wir am 19. Januar unseren Hof auf zwei Pferdewagen. Die Nächte waren kalt, und das Thermometer zeigte minus 20 Grad an. Durch den Schnee waren die Straßen spiegelglatt. Meine Mutter war hochschwanger, als wir uns auf die Flucht begaben. Vater hatte sie mit der Kutsche aus dem Krankenhaus geholt, in warme Decken gepackt, und dann ging es fort von dem Ort, der unsere zweite Heimat hatte werden sollen. Es folgte dann die Nacht der Geburt eines kleinen Mädchens. Aber unter diesen widrigen Bedingungen hatte das Kind keine Lebenschance. Mutter konnte das Baby nicht stillen, und so musste unsere Erika verhungern. Es fehlte uns täglich ein halber Liter Milch.

Heute in unserer vom Wohlstand geprägten Zeit kann man sich die Armut und das Leid kaum vorstellen. Im Harz betteten wir den kleinen Leichnam in die fremde Erde, und Mutter hat lange gebraucht, bis sie den so bitteren Tod ihres vierten Kindes verschmerzen konnte. Es war ein Segen, dass schon eineinhalb Jahre später unsere kleine Lilli geboren wurde. Die Geburt dieses wunderschönen Babys hat meiner Mutter geholfen, die Trauer abzulegen. Lilli blieb am Leben, obwohl 1946 noch immer viel Not in Deutschland herrschte.

Breitenbach bei Bebra in Hessen wurde unsere dritte Heimat. Mit unseren Pferden versuchten meine Eltern, bei den Bauern zu arbeiten und für die Bevölkerung Holz aus dem Wald zu holen. Mühsam war der neue Start, und Geld war über viele Jahre Mangelware. Es gelang meinem Vater, zehn Morgen Land zu pachten, und so konnten wir überleben. Endlich hatten wir Kartoffeln, Getreide, ein paar Hühner, die uns Eier legten, ein Schwein, das wir schlachten konnten, und eine Ziege. Später haben uns Christen aus Amerika eine Jersey-Kuh geschenkt.

Unsere Lisa war eine besondere Gottesgabe. Sie gab uns fettreiche Milch, und von der Zeit an konnten wir selbst Butter herstellen.

Geschont hat sich meine Mutter nicht. An der Seite meines Vaters, der in praktischen Dingen recht unerfahren war, hat sie dazu beigetragen, dass der neue Start mit einer kleinen landwirtschaftlichen Nebenerwerbsstelle gelang. Sie war überaus fleißig und hat auch uns Kinder zur Arbeit angeleitet. Wir vier Mädchen durften alle das Gymnasium besuchen, und für uns hat sich Mutter abgerackert. Manchmal saß sie bis in die Nacht hinein an der geborgten Nähmaschine und schneiderte aus zwei zu klein gewordenen Kleidern ein neues.

Während ich nun an Mutters Bett saß und auf ihren Tod wartete, flimmerte ihr Leben wie ein Film an mir vorbei. Nun lag die letzte Phase ihres Erdenweges vor ihr, und es war wohl die schwerste. Mutter war zum Sterben bereit und traf alle Anordnungen. Ich musste aufschreiben, wer ihre Möbel, das Silberbesteck, die Waschmaschine und den Kühlschrank bekommen sollte. Dann ordnete sie genau an: Karl Heinz (mein Mann) sollte die Traueransprache halten, Werner und Gottfried, ihre Enkel, die beide Pfarrer sind, sollten miteinander die Liturgie sprechen, einer in der Leichenhalle und der andere am offenen Grab. Anne Ruth und Birgit, ihre ältesten Enkelinnen, sollten die Lieder auf dem Harmonium begleiten. Nach der Beerdigung sollen wir in einer Gastwirtschaft einen Leichenschmaus mit Kaffee, Kuchen und belegten Brötchen für Diabetiker anbieten. Am Schluss, wenn alle Trauergäste gegangen waren, sollte ich mehrere Packungen Mozartkugeln besorgen. Das waren die Lieblingspralinen von Lilli, und damit wollte Mutter ihr eine besondere Freude machen. Um ihren Nachkömmling sorgte sie sich nämlich am meisten. Sie bestimmte auch, dass wir sie in ihrem weißen Wollkleid und mit weißen Strümpfen in den Sarg betten sollten. Traurig sollten wir nicht sein, sondern Gott danken, dass er nun ihre Lebenszeit vollenden würde. Deshalb wollte sie auch nicht in schwarzer Trauerkleidung im Sarg liegen. Nach all diesen Anordnungen musste sie die Krankenschwester von der Infusionsnadel und dem Atemgerät befreien. Sie sei jetzt zum Sterben bereit.

Still saß ich an ihrem Bett und hielt ihre Hand. Mein Herz blutete mir vor Schmerz, und manche Träne wischte ich heimlich ins Taschentuch.

Gegen Mitternacht kam unser Sohn Matthias. Er

ist Arzt, und wir hatten ihn telefonisch rufen lassen. Er trat ins Zimmer, schaute meine Mutter an, drückte ihr die Hand und sagte nach einigen Augenblicken: „Oma, so schlecht siehst du nicht aus. Ich glaube, du wirst uns erhalten bleiben. Ich werde dir die Infusion wieder anlegen und setze dir auch die Atemmaske auf. Der Sauerstoff wird dir gut tun. Heute muss eine Lungenentzündung nicht mehr zum Tode führen."

„Meinst du, Matthias?" Willig ließ sie sich diese Anordnungen gefallen. Wir blieben still an ihrem Bett sitzen. Nach etwa einer Stunde musste ihr Matthias die Sauerstoffmaske abnehmen. „Lotte", richtete sie sich im Bett auf, „am 14. Mai feiert Michael (das ist ihr Enkel) Konfirmation. Könnt ihr mich mit dem Auto dort hinfahren?"

Matthias schaute mich mit großen Augen an. „Mama, die Krise ist überwunden. Oma wird wieder gesund", drückte mir unser Sohn die Hand.

Der behandelnde Arzt staunte über die eingetretene Besserung. „Ihre Mutter hat einen starken Lebenswillen."

Acht Tage später konnten wir Mutter aus dem Krankenhaus heimholen. „Lotte", bat sie mich, „bring mehrere Packungen Mozartkugeln für die Schwestern und Pfleger mit. Zur Beerdigung brauchen wir sie jetzt nicht mehr."

Mit großer Freude habe ich ihr diesen Wunsch erfüllt.

Ein leckerer Studentenkuchen

So nenne ich einen Rührkuchen, der aber mit einigen besonderen Zutaten angereichert wird. Studenten sind meist hungrige junge Menschen. Weil man beim Kaffeetrinken von diesem Kuchen höchstens nur zwei Stück verspeisen kann, bleibt auch noch etwas für die Freunde übrig. Jedes Mal, wenn unsere Kinder wieder an ihren Studienort zurückfuhren, habe ich ihnen einen solch leckeren Kuchen gebacken, der sich außerdem gut transportieren lässt und auch lange haltbar ist. Dazu brauche ich folgende Zutaten für den Teig:

200 g Butter, 200 g Zucker, ein Päckchen Vanillinzucker, 250 g Weizenmehl, fünf Eier, ein halbes Fläschchen Rumaroma, etwas Salz, 250 g fein gemahlene Haselnüsse, ein Päckchen Backpulver, etwa ein achtel Liter Milch, 100 g Korinthen, 100 g Rosinen. Um den Teig noch zu verfeinern, raspele ich noch 200 g Bitterschokolade hinein und tränke die Korinthen und Rosinen vorher in Rum.

Für den Guss verwende ich 200 g Puderzucker, 3 Esslöffel heißes Wasser und 25 g Kakao.

Ich rühre die Butter schaumig und gebe nach und nach Zucker, Vanillinzucker, Eier, Salz und Rumaroma hinzu. Unter das gesiebte Mehl mit den Nüssen mische ich das Backpulver und füge es mit der Milch dem Teig zu. Er muss schließlich schwer reißend vom Löffel fallen. Die in Rum getränkten Rosinen und

Korinthen lasse ich gut abtropfen und gebe sie mit der geraspelten Schokolade in die Schüssel. Die runde Form muss gut gefettet und mit Semmelmehl ausgestreut sein. Die Backzeit beträgt bei 195 Grad etwa 70-80 Minuten.

Für den Guss rühre ich den Puderzucker mit dem heißen Wasser an, so dass eine dickflüssige Masse entsteht. Damit wird der Kuchen bestrichen. Zur Verzierung und als Zeichen der Liebe lege ich, regelmäßig am Rand verteilt, Schokoladenherzen.

Ich kann es gar nicht sagen, wie oft ich diesen Kuchen schon gebacken habe, denn ich hatte meist fünf Studenten damit zu versorgen. Einmal ist mir ein Missgeschick passiert. In der Mitte des Kuchens war ein Loch entstanden. Das machte mich unglücklich. Wie verschandelt sah jetzt mein Kuchen aus. Um einen neuen zu backen, reichte mir die Zeit nicht mehr aus. Mir war klar, diesen Kuchen konnte ich nicht verschenken. Plötzlich hatte mein Mann eine gute Idee. Aus silbriger Alufolie formte er ein Tütchen, steckte darein einen großen Geldschein und stopfte damit das Loch im Kuchen.

Dann trat ich meine Reise nach Stuttgart an.

Auf der Fahrt dorthin hatte der Zug in Heidelberg 20 Minuten Aufenthalt. Ich hatte unseren Sohn telefonisch angefragt, ob wir uns nicht kurz grüßen könnten. Er studierte in dieser Stadt, und ich wusste, dass er im Augenblick mit einigen Problemen zu kämpfen hatte. In eine große Reisetasche packte ich lauter herrliche Lebensmittel ein, die das Herz eines Studenten erfreuen, der fast immer gegen ein schwach gefülltes Portmonee angehen muss: eine lange Dauerwurst, Käse, Butter, Fischdosen, Fleischdosen, Pralinen, eine Flasche Traubensaft, ein Glas Honig und zwei Gläser Marmelade. Obenauf stellte ich den Kuchen. Während der ganzen Fahrt freute ich mich darauf, wie glücklich ich meinen Sohn mit meinem kurzen Besuch machen würde.

Als wir in den Bahnhof einfuhren, hatte ich Matthias sofort auf dem Bahnsteig entdeckt. Stürmisch umarmten wir uns. Er nahm mir sofort die bleischwere Tasche ab und machte große Augen, als er einen Blick darauf warf. „Oh, oh!", staunte er. Aus seinem Rucksack holte Matthias eine Kanne Tee mit zwei Bechern, und wir ließen uns das Getränk gut schmecken. Es waren nur wenige Minuten, die uns blieben, aber in dieser kurzen Zeit konnte sich unser Sohn einiges von der Seele reden. Es tut immer gut, in seinen Konflikten einen Mitwisser zu haben, der zu trösten vermag. Neben den vielen anderen Aufgaben, die mir als Mutter zugedacht sind, ist Trösten die wichtigste.

Dann aber wurde der ICE Richtung Stuttgart angesagt. Wir verabschiedeten uns und Matthias trug mir den Koffer bis in das Abteil. Wir winkten uns solange zu, bis mir der Zug wegen der Schienenbiegung den Blick auf meinen Sohn raubte.

Als ich einige Tage später wieder zu Hause ankam, lag schon ein Dankesbrief auf meinem Schreibtisch.

„Mutti, es war schön, dass wir uns treffen konnten. Vielen Dank! Wann führt dich deine Reise wieder Richtung Süden? Übrigens, dein Kuchen schmeckt sagenhaft. Hoffentlich misslingt dir öfter deine Backkunst. Das Silbertütchen war das Kostbarste vom Futterpaket. Der Winter ist im Anzug, und so werde ich mir von dem Geld einen Wintermantel und einen warmen Pullover kaufen. Sei ganz lieb und herzlich gegrüßt von deinem Matthias."

Im Stillen musste ich denken, ob es wirklich außer dem Pullover noch zu einem Wintermantel reichte, oder ob dafür wieder einige neue Bücher auf dem Regal standen? Matthias ist nämlich ein großer Leser, und wenn ich heute an einem Thema arbeite und mir gerade das passende Buch dazu fehlt, brauche ich nur bei ihm in Tübingen anzurufen, und er sagt mir: „Mutti, ich glaube, das Buch habe ich. Andernfalls besorge ich es dir antiquarisch. In nur wenigen Tagen kommt dann das Buchpaket bei dir an."

Eine besondere Trauung

Heute war ein wunderschöner Gottesdienst. Anatoli und Inessa feierten ihren Hochzeitstag. Dazu hatte sich Anatoli etwas Besonderes einfallen lassen. Ihre Trauung hatte damals vor 40 Jahren in einem kalten, rauchgeschwärzten Büro stattgefunden. Mit ihrer Arbeitskluft – Sonntagskleidung besaßen sie nicht – waren sie vor einem Standesbeamten erschienen. Trauzeugen, wie es sonst üblich ist, waren nicht anwesend. In einem Schnellverfahren, ganz ohne Feierlichkeiten, wurde diese Eheschließung vollzogen. Noch nicht einmal ein paar Blumen als Brautstrauß trug Inessa in der Hand. Das hatte Anatoli schon immer gewurmt, dass er seiner Frau keine schöne Feier hatte ausrichten können. Nun nach 40 Jahren wollte er seiner Liebsten endlich eine besondere Freude bereiten und hatte unseren Pastor gebeten, sie einzusegnen; denn sie hatten in ihrer langen Ehe noch nie den göttlichen Segen erhalten. Inessa war sehr erstaunt, als sie beide in der ersten Reihe Platz nehmen sollten. Vorne neben der Kanzel standen zwei Stühle, und zu ihrem Erstaunen wurde der Gemeinde mitgeteilt, dass es der Wunsch von Anatoli sei, ihre Ehe heute unter den Segen Gottes stellen zu lassen. Sie wurden nach vorne gebeten und setzten sich auf die zwei Stühle vorne. Sogar ein wunderschöner Brautstrauß mit roten und gelben Rosen wurde Inessa überreicht. Folgendes Wort der Bibel sollte sie auf ihrem weiteren Lebensweg begleiten: „Sorget nichts! Sondern in allen Dingen lasset eure Bitten im Gebet und Flehen mit Danksagung vor Gott kund werden." Dazu hatte sich die Gemeinde erhoben und sang den Choral: „Nun danket alle Gott". In seiner Trauansprache ließ der Pastor Streiflichter aus diesem von Erschütterungen heimgesuchten Leben an uns allen vorüberziehen. Dann legte er dem Ehepaar die Hände auf und segnete sie.

Lange haben sie auf diesen Tag warten müssen, genau 40 Jahre. Anatoli und Inessa sind 2001 von Kasachstan nach Deutschland übergesiedelt. Als sie 1966 heirateten, war eine kirchliche Trauung im atheistischen Russland gar nicht möglich, und die beiden waren auch nicht in einer christlichen Familie aufgewachsen. So wussten sie nichts von dem Geschenk einer Trauung unter Gott. An diesem Sonntag in unserer Gemeinde waren sie sehr bewegt. Nach der Feier gratulierte ich dem nicht mehr jungen Brautpaar und lud sie zu einem Teestündchen zu mir ein. Ich wollte mehr über ihr Leben erfahren, und sie haben mir bereitwillig aus ihrem Dasein erzählt.

Das Erste, was mir Inessa überreichte, war ein Dokument, das ihre Geburt bestätigte. Ich las in dieser Archivbescheinigung Folgendes:

Das Staatarchiv des Gebietes Mogilev teilt mit, dass in den Dokumenten des Mogilever Kinderheims im „Journal Nr. 2 über die Aufnahme von Kindern" folgender Eintrag unter der Nr. 5 vom 29.11.1947 vorhanden ist:

Kaminskaa Inessa, geboren im Jahr 1947, aufgenommen im Alter von einem Monat und 15 Tagen. Findelkind. Daten zu den leiblichen Eltern sind unbekannt. Über andere Angaben verfügt das Staatsarchiv nicht.

Ich war sehr bewegt. Also Inessa weiß nicht, wer ihre leiblichen Eltern sind. Sie kennt weder Vater noch Mutter. Irgendwo ist sie in Weißrussland in der Nähe von Minsk aufgefunden und in dieses Kinderheim gebracht worden. Wie entwurzelt muss sich ein Mensch fühlen, der nicht weiß, woher er kommt. Wie viel Sehnsucht muss dieses Menschenkind empfunden haben, dass sich wie aus einem warmen Nest ausgestoßen fühlen musste. Ein Leben lang wird sie diese Frage bewegt haben: Wer ist mein Vater? Wer ist meine Mutter? Ein solches Kind leidet sicher unter großen Verlustängsten, und Inessa bestätigte mir dies. Irgendwo war dieses Neugeborene ausgesetzt worden. Und doch hat Gott über dieses Leben gewacht. Fremde haben das Baby gefunden und in das staatliche Kinderheim gebracht. Woher man weiß, dass es damals gerade 1 Monat und 15 Tage alt war, ist unbekannt. Vielleicht hat die Mutter doch noch einen Zettel mit dem Namen, den sie für ihr Kind wünschte, und dem Geburtsdatum ans Jäckchen geheftet. Anders lässt es sich nicht erklären. Vielleicht ist dies auch nur ein geschätztes Datum.

Und noch ein wichtiges Papier drückte mir Inessa in die Hand. Es ist die Adoptionsurkunde. Kurz nachdem sie aufgefunden wurde, haben Behörden dieses kleine Baby einem kinderlosen Ehepaar überbracht. Fortan hieß sie mit Nachnamen Kasinski. Bis zu ihrem 40. Lebensjahr hat Inessa nicht gewusst, dass sie adoptiert worden ist. Erst im Jahr 1987 sickerte es bis zu ihr durch, das dies nicht ihre leiblichen Eltern waren. Das bedeutete für sie zunächst ein Schock. Hätte sie Anatoli nicht an ihrer Seite gehabt, wäre sie wohl verzweifelt.

Man kann davon ausgehen, dass Inessa zumindest eine deutsche Mutter gehabt hat; denn die Regierung unter Stalin hat oft willkürlich den Deutschen, wenn sie in ein Arbeitslager gebracht wurden, ihre Kinder weggenommen. Linientreuen, kommunistischen Eltern wurden diese Kinder übergeben, damit sie sie zu staatstreuen Sowjetbürger erziehen sollten. Die neue Mutter war äußerst streng, ja, manchmal sogar rabiat, und oft wurde Inessa wegen kleiner Versäumnisse oder Vergehen schrecklich geschlagen. Sie durfte auch kaum spielen. Freundinnen wurden ihr verboten. Es war eine traurige, lieblose Atmosphäre in diesem neuen Hause. Früh hat sie das Stricken lernen müssen, und so wurde Strümpfestricken ihre ständige Beschäftigung. Arbeit statt spielen hieß die Devise ihrer Mutter. Der Vater hingegen war sehr freundlich, geradezu liebevoll zu seinem Töchterchen. Leider war er nur selten im Hause. Das junge Mädchen erlernte den Beruf der

Anstreicherin und arbeitete in dem gleichen Betrieb, in dem Anatoli als Schreiner beschäftigt war. So haben sich die beiden in ganz jungen Jahren kennen gelernt und dann auch geheiratet, als Anatoli 19 und Inessa 18 Jahre alt waren.

Anatoli Konrad hat in Kasachstan das Licht der Welt erblickt. Seinen Vater hat er auch nie kennen gelernt. Seine Mutter war als junges Mädchen gefangen genommen und in die Trudarmee – das ist ein Arbeitslager – überführt worden, weil sie Deutsche war. Bis nach Sibirien wurde sie verfrachtet. Wer diese Lager überlebt hat, muss eine starke, zähe Konstitution gehabt haben. Dort wurde geschlagen, gefoltert, gehungert und gefroren. In den Wintermonaten stapelten sich draußen vor dem Stacheldraht die Toten. Weil die Erde metertief gefroren war, konnte man die Leichen erst im Frühjahr beerdigen, wenn der Boden aufgetaut war. Aber Anatolis Mutter hat diese schreckliche Zeit überlebt, ja, sie hat sogar einem Kind das Leben geschenkt. Allerdings hat sie ihrem Jungen nie sagen können, wer sein Vater war, weil er damals noch zu klein war. Wahrscheinlich war er wie die Mutter auch ein Deutscher und wurde von seiner Frau getrennt gefangen genommen, ehe er seinen kleinen Sohn in seinen Händen halten konnte.

Als Anatoli und Inessa geheiratet hatten, wurde er gleich zur Armee eingezogen. Sie haben nur wenige Tage miteinander verbringen können. Inessa blieb bei ihren Adoptiveltern wohnen – wo hätte sie auch anders hingehen können – und merkte schon bald, dass sie schwanger war. Leider konnte sie ihrem Mann diese frohe Kunde gar nicht mitteilen, da er in einer Armee Dienst tat, die zu den Geheimnisträgern gehörte. Das Gebiet, in dem er als Soldat eingesetzt war, galt als Landeplatz für Astronauten, die die Erde umrundeten oder zum Mond flogen. Nach neun Monaten regte sich in ihm ein Gefühl, dass er sich sagte: Bestimmt bin ich schon Vater und weiß es gar nicht. Erst nach drei Jahren wurde er aus der Armee entlassen und durfte Inessa in die Arme schließen. Voller Staunen betrachtete er sein kleines Töchterchen. Für beide war die Zeit der Trennung schrecklich lang gewesen.

Die Wohnverhältnisse bei den Adoptiveltern bedeuteten eine zu starke Einschränkung für ihr Familienleben. Die Schwiegermutter hatte das Sagen und beherrschte das junge Ehepaar. Daraufhin zog Anatoli in eine andere Stadt. Er wollte endlich frei leben können mit seiner Inessa. Mehrere Kinder wurde ihnen geboren. Auch beruflich konnte er sich verbessern und arbeitete als Zimmermann.

Aber dann ereignete sich etwas Schlimmes. Eines Tages erschien die Miliz an ihrer Tür. Einem ihrer Söhne wurden Fesseln angelegt, und er wurde ins Gefängnis gebracht. Ihm wurde vorgeworfen, er habe einen jungen Mann umgebracht, was aber gar nicht der Wahrheit entsprach. Der oberste Polizeifunktionär hängte ihm diesen Mord an, und durch falsche Zeugen, die bestochen worden waren, gelang es, Anatolis

Sohn des Mordes anzuklagen und ihn zu einer lebenslänglichen Zuchthausstrafe zu verurteilen. Recht hatte in Russland immer der Stärkere, der am längeren Hebel saß. Für Anatoli und seine Familie brach das Elend an. Ihr Sohn sei ein Mörder, so berichteten die Zeitungen. Anatoli war verzweifelt. Diese Schande bedrückte ihn sehr. In dieser so verzweifelten Lage griff er zum Alkohol. Wodka sollte sein aufgewühltes Herz beruhigen. Er trank immer mehr, bis die Sucht ihn fest im Griff hatte. Dadurch wurde der Jammer immer noch größer. Er schien seine Familie zu ruinieren. Er litt an seiner Trunksucht und erkannte, dass er unbedingt aufhören musste. In dieser Situation wurde er an Jesus erinnert. Auch wenn er kein Kirchgänger war, ahnte er insgeheim: Wenn mir einer helfen kann, dann ist es er, der treue Gottessohn. Durch einen Arbeitskollegen hatte er von Jesus erfahren. Er suchte die Einsamkeit des Waldes auf und begann zu Gott zu rufen, ja zu schreien: „Jesus, du Sohn der Maria, hilf mir und erbarme dich über mich!" Das Beten wurde seine Rettung. Christus sah seine verzweifelte Lage, wandte sich ihm zu und schenkte ihm Mut, nach der Bibel zu greifen und auf diese Weise aus dem Schlamassel herauszufinden. Es gelang Anatoli, den Wodka, den er noch zu Hause in der Flasche stehen hatte, auszuschütten und fortan abstinent zu leben. Seine Frau unterstützte ihn dabei. Das bewirkte eine Veränderung in seinem Dasein. Kurze Zeit später kamen Missionare aus Deutschland in seine Stadt und luden dort zu evangelistischen Vorträgen in einer Kirche ein. Anatoli und seine Frau ließen sich dazu bewegen hinzugehen, ja, sie wurden die treuesten Besucher der Evangelisation. An einem Abend nach der Predigt bat Anatoli den Verkündiger des Evangeliums um ein seelsorgerliches Gespräch und wurde bereit, ganz bewusst sein Leben Jesus zu übereignen. Inessa tat es ihm gleich. Anatoli konnte tief durchatmen. Gewiss, das Problem mit seinem Sohn war dadurch noch nicht gelöst. Noch immer saß er im Gefängnis. Aber Anatoli änderte sein Verhältnis zu seinem Jungen. Bei der Urteilsverkündigung hatte der Vater im Zorn zu ihm gesagt: „Du bist nicht mehr mein Sohn. Einen Mörder will ich nicht mehr in meiner Familie haben." Jetzt aber bat er seinen Jungen wegen seiner Hartherzigkeit um Verzeihung. Es war der ältere Bruder, der sich für seinen so schwer Beschuldigten einsetzte, Beweise sammelte und vor allen Dingen dem Gericht eine hohe Summe Geld anbot, so dass der Inhaftierte vorzeitig das Gefängnis verlassen konnte. Sieben Jahre hatte er unschuldig in der kahlen Zelle gesessen. Nun aber war der wahre Mörder gefunden und seiner schrecklichen Tat überführt worden.

Im Haus von Anatoli kehrte Frieden ein. Darüber war er Gott sehr dankbar. Eifrig las er in der Bibel und besuchte regelmäßig mit den Seinen die Gottesdienste. Der Glaube gab ihm Hoffnung.

Insgesamt wurden der Familie fünf Kinder geboren: Alexander, Juri, Galina und die Zwillinge Tatjana und

Eugen. Als Anatoli davon hörte, dass Deutsche auswandern könnten, reichte er die Papiere ein. Er wollte zu gerne Kasachstan den Rücken kehren. Aber erst nach acht Jahren wurde ihnen und zwei ihrer Kinder erlaubt, nach Deutschland auszureisen. Mit dem Flugzeug starteten sie in Alma Ata und erreichten nach mehreren Stunden Flug Frankfurt. Von dort reisten sie weiter nach Friedland, wo sie herzlich empfangen wurden. Sie blieben aber nur wenige Tage hier, bis alle Formalitäten geklärt waren.

Heute ist es fünf Jahre her, seit der Aufbruch nach Deutschland gelang. Sie wohnen jetzt in Marburg und haben in einer christlichen Gemeinde eine geistliche Heimat gefunden. Sie sind als gute Mitarbeiter anerkannt und bringen ihre Gaben ein. Jedes Jahr am Heiligabend helfen beide tüchtig mit, wenn die Gemeinde ein Fest für Einsame, Asylanten, Flüchtlinge und Nichtsesshafte feiert. Dafür sind wir den beiden sehr dankbar.

Unser Miteinander – leben, streiten, lieben

Tatjana und ihre Ehe

Tatjana erzählte mir, wie glücklich und wunderschön die Ehe mit Waldemar in den ersten Jahren gewesen sei. Auf dem Nachhauseweg von der Kolchose pflückte er einen Strauß Veilchen, Margeriten oder Kornblumen für sie. Mit einem Kuss verabschiedete er sich von ihr am Morgen, und am Abend nahm er sie fest in seine Arme. „Na, mein Schatz, bist du gut durch den Tag gekommen?" Dann setzte er sich an den Tisch, und gemeinsam ließen sie sich ihren Borschtsch schmecken. Nie stand er von seinem Stuhl auf, ohne ihre Kochkünste zu loben: „Tatjana, du bist die beste Köchin der Welt! Nirgends schmeckt mir die Suppe so gut wie unter unserem Dach."

Als ihre beiden Kinder geboren waren, trug er sie nachts auf seinen Armen hin und her, wenn sie Ohrenschmerzen hatten oder zahnten. Er war der beste Ehemann und liebste Vater. Dann aber verlor er seine Arbeit durch die politischen Umwälzungen in Russland. Diesen Schlag hat er nicht verwinden können. Er begann, den Wodka zu lieben und spülte damit seine Enttäuschung die Kehle herunter. Viel zu spät merkte er, wie er in die Fänge der Sucht geraten war. Der Alkohol trieb mit ihm sein böses Spiel. Wenn er betrunken war, konnte er zur Bestie werden. Er erhob seine Faust gegen seine Frau und schlug sogar die Kinder brutal mit seinem Ledergürtel. Bedrohlich wurde es, wenn die Schnalle den zarten Körper der Kleinen traf.

So schrecklich können Ehe und Familie werden, die ja eigentlich zum Wohl und Glück der Menschen von Gott geschaffen wurden.

Das Leben ist eine starke Herausforderung an uns

Unsere Beziehungen geraten nur, wenn wir sie an den Maßstäben Gottes messen lassen und das Wort beherzigen: „Nehmet einander an, wie Christus uns angenommen hat!" Und doch wissen wir um viel Quälendes, Schmerzliches, Verletzliches in unserem Zusammenleben. Wie viel negatives Reden hinter dem Rücken verhindert die Harmonie zwischen uns Menschen. Diese widrigen Erfahrungen gehören zur Gebrochenheit unserer Welt. Wir Menschen zerstören mit unserer Sünde das Gute und schmälern die Freude, die Gott uns bereitet hat. Wie viel Bedrohliches verbaut uns den Weg zur wahren Lebensfreude. Unsere Ehen und Familien sind nicht immer glücklich. Manchmal schlagen unsere Kinder falsche Wege ein, geraten in schlechte Gesellschaft und kommen mit Alkohol und Drogen in Berührung. Auch die Nachbarn können uns in die Bredouille bringen und sind nicht immer freundlich und hilfsbereit. Es gibt

Verwandte, die wir lieber in die Wüste schicken würden. Ja, das Zusammenleben kann zu einem schweren Kreuz werden, das wir tragen müssen.

Wenn Kinder sich den Eltern verweigern ...

Ich kenne eine Familie, da hat sich die Tochter, eine Rechtsanwältin, vier Jahre lang nicht mehr bei ihren alten Eltern gemeldet. Jeder Brief, den der Vater ihr schrieb, kam mit dem Vermerk zurück: Annahme verweigert. Nun war die Mutter krank, todkrank. Sie litt an Krebs und hatte nur den einen Wunsch, noch einmal ihre Tochter in die Arme zu nehmen, ehe sie die Augen für immer schließen musste. Das Verhalten der Tochter bereitete ihr großen Kummer. Sie konnte nicht in Ruhe sterben. Ihr Mann hatte der Tochter wegen ihrer Ehescheidung Vorwürfe gemacht. Aber hätte es denn zu einem solchen Bruch kommen müssen?

Der böse Nachbar

Oder ich denke an einen Nachbarn, der so kinderfeindlich eingestellt war, dass er unseren Fünfjährigen mit einem Stock vertrieb, nur weil der Junge mit einem Tennisbällchen auf der Straße spielte. Als Daniel einmal einen Lederball zum Geburtstag geschenkt bekam und ihn ausprobieren wollte, entriss er ihm den Ball. Der Junge kam weinend zu mir in die Küche. An diesem Morgen nahm ich mir ein Herz und suchte den Nachbarn auf. Ich wollte mit ihm reden. Er aber verwehrte mir das Gespräch. Eine Stunde später brachte seine Frau den Ball zurück. Hatte er vergessen, dass er selbst einmal Kind war?

Überall ist der Wurm drin

Über die Streitigkeit in der Verwandtschaft könnte man dicke Bücher schreiben. Meist geht es um Erbauseinandersetzungen. Nichts in dieser Welt ist heil.
Ein Witz macht dies sehr deutlich:
Zwei Raben fliegen über eine herrliche Landschaft in Deutschland. „Ist das nicht wunderbar?", ruft der eine dem andern zu. „Schau nur, wie das Rapsfeld blüht!"
„Hm, hm", krächzt der andere zurück.
Nach einer Weile staunt der Rabe erneut: „Hast du den roten Mohn in den Getreidefelder gesehen?"
„Hm, hm!"
„Und sieh erst die Städte unter dir!"
„Hm, hm", antwortet ihm der andere etwas unwirsch. „Was du da alles an Schönem siehst? Schau nur, überall ist doch der Wurm drin."

Die Liebe ist das Größte

Auch in unseren Beziehungen ist oft der Wurm drin. In dieser Welt ist vieles vom Bösen und von der Sünde angekränkelt. Aber es wäre nicht recht, wenn wir in den Fehler verfielen, alles zu verteufeln. Wir sollten es lernen, auch das Schöne, Großartige, Prachtvolle zu sehen. Die Wahrheit liegt in der Mitte, und wir müssen unsere Zeit recht beurteilen. Es ist nicht alles schlecht, und es ist auch nicht alles gut. Dabei zählt: Die Liebe ist immer das Größte. Diese Tatsache hat der Apostel Paulus wunderbar in 1. Korinther 13 beschrieben:

„Wenn ich mit Menschen- und mit Engelzungen redete und hätte die Liebe nicht, so wäre ich ein tönendes Erz oder eine klingende Schelle.

Und wenn ich prophetisch reden könnte und wüsste alle Geheimnisse und alle Erkenntnis und hätte allen Glauben, so dass ich Berge versetzte, und hätte die Liebe nicht, so wäre ich nichts.

Und wenn ich alle meine Habe den Armen gäbe und ließe meinen Leib brennen und hätte die Liebe nicht, so wäre mir's nichts nütze.

Die Liebe ist langmütig und freundlich, die Liebe eifert nicht, die Liebe treibt nicht Mutwillen, sie bläht sich nicht auf, sie verhält sich nicht ungehörig, sie sucht nicht das Ihre, sie lässt sich nicht erbittern, sie rechnet das Böse nicht zu, sie freut sich nicht über die Ungerechtigkeit, sie freut sich aber an der Wahrheit;

sie erträgt alles, sie glaubt alles, sie hofft alles, sie duldet alles.

Die Liebe hört niemals auf, wo doch das prophetische Reden aufhören wird und das Zungenreden aufhören wird und die Erkenntnis aufhören wird.

Denn unser Wissen ist Stückwerk, und unser prophetisches Reden ist Stückwerk.

Wenn aber kommen wird das Vollkommene, so wird das Stückwerk aufhören. ...

Nun aber bleiben Glaube, Hoffnung, Liebe, diese drei; aber die Liebe ist die Größte unter ihnen."

Hier stellt Paulus einen Lobpreis für die Liebe auf, und sein Vorbild ist Jesus. In ihm sehen wir die reine, göttliche Liebe. Sie ist das Höchste und Beglückendste. Christus bringt uns Menschen das Heil und die Erlösung. Wer ihm begegnet, erfährt Heilung von seinen Verletzungen, Vergebung seiner Sünden und Hoffnung für seine Zukunft. Jesus ist der Retter und Heiland der Welt. Wunderbar ist sein Handeln. Das kommt z. B. zum Ausdruck, wenn er die Kinder in seine Arme nimmt, sie herzt und segnet. Er begegnet der Mutter, die unsäglich traurig hinter dem Sarg ihres einzigen Sohnes hergeht und deren Herz vor Gram zerrissen ist. Zudem ist sie eine Witwe und muss allen Kummer allein tragen. Und dann treffen diese traurige, verzagte Frau und Christus, der Erlöser, zusammen. Er sieht die Tränen der Mutter und spricht ihr die Worte zu, die nur der Gottessohn mit Vollmacht sagen kann: „Weine nicht!" Er berührt den Sarg und holt den Toten ins Leben zurück. Er gibt ihn seiner Mutter wieder in die Arme. Jesus lässt seinen kraftvollen Worten auch herrliche Taten folgen. Er war bereit, diese Liebe bis ans Kreuz durchzuhalten, an das er genagelt wurde. Unsere Rettung hat Jesus das Leben gekostet, und in Johannes 3,16 heißt es:

„Also hat Gott die Welt geliebt, dass er seinen eingeborenen Sohn gab, damit alle, die an ihn glauben, nicht verloren werden, sondern das ewige Leben haben."

Seine Vision reichte bis in den Himmel. Dort wollte er uns bei Gott haben. Für den Himmel sind wir geboren.

Sie reichte aber auch herab in die Abgründe und Niedrigkeiten. Das ist das echte Format von Liebe. Daran sollte auch unsere Liebe zu messen sein. Alles andere mag man Verliebtheit, Lust oder Leidenschaft nennen. Aber Liebe ist noch viel größer.

Was Jesus so grenzenlos liebenswert macht, ist sein Leiden. Er hat sich in Bezug auf seine Liebe im wahrsten Sinne des Wortes festnageln lassen.

Wie weit geht unsere Liebe? Sind wir zur völligen Liebe bereit?

Ich begegnete vor kurzem einem Ehepaar. Ich kenne beide noch aus meiner Zeit, als ich im Jugendkreis war. Als sie heirateten, galten sie als das Traumpaar.

Beide waren schön von Gestalt und groß gewachsen, dazu hoch begabt. Er war Ingenieur und sie medizinisch technische Assistentin. Er trug auch noch den Adelstitel. Der Wissenschaftler erhielt sofort nach Abschluss seines Examens eine hoch dotierte Stelle in einem Elektrounternehmen, und ihnen wurden vier wunderbare, begabte Kinder geboren. Aber schon mit 45 Jahren zeigten sich bei diesem Ingenieur Anzeichen einer schweren Erkrankung. Alzheimer diagnostizierte der Arzt. Ahnen wir, wie niederschmetternd diese Erkenntnis war? Aber die Familie steht bis heute zusammen und übt sich in der Liebe. Mit großer Hingabe wird der Vater von seiner Frau und den Kindern betreut. Das ist Liebe, wie sie auch in notvollen Zeiten durchgehalten wird. Ihre Echtheit wird im Leiden erprobt.

Wenn die alte Mutter zur Last wird ...

Aber auch ein Gegenbeispiel will ich bringen. Da hat eine Tochter immer wieder betont, wie innig sie mit ihrer Mutter verbunden sei und wie sie sich um sie kümmere. Solange es der Mutter gut ging und sie Haus und Garten in Ordnung hielt, war alles zum Besten bestellt. Aber jetzt ist die Mutter 83 Jahre alt. Sie ist nicht krank, aber doch schwach. Die Tochter müsste nun einige Arbeiten übernehmen. Ihr wird dies zu viel, jedes Wochenende bei der alten Mutter zu verbringen und die 30 Kilometer Autofahrt auf sich zu nehmen. Früher war das alles kein Problem. Da hat die Mutter ihr die schmutzige Wäsche gewaschen und sie zum gedeckten Tisch geladen. Jetzt aber jammert die Tochter: „Ich habe kein bisschen Freiheit mehr. Immer muss ich die Samstage und Sonntage bei meiner alten Mutter verbringen. Soll ich denn gar nichts vom Leben haben?"

Ich habe dieser jungen Frau deutlich gesagt, was Jesus über unsere Kindespflicht sagt: „Wer seine eigenen Hausgenossen nicht versorgt, ist schlimmer als ein Heide." So steht es in der Bibel geschrieben. Die Tochter war zunächst etwas verschnupft und verärgert, wie ich ihr nur so etwas an den Kopf werfen könne. Sie liebe ihre Mutter ja noch immer, aber sie wolle nur nicht ihre ganze Freizeit bei ihr verbringen. Ich bat sie, gründlich über die eben erwähnte Aussage in 1. Timotheus 5,8 nachzudenken. Zwei Tage später rief sie mich an und bedankte sich für die handfeste Seelsorge. Sie hatte begriffen, wie sehr sie sich hatte fehlleiten lassen von der heute so modernen Ansicht, dass der Mensch sich selbst verwirklichen müsse. Wie konnte sie nur ihre Mutter als solch schwere Last empfinden, wo sie ihr doch das Leben geschenkt und viele Jahre liebevoll für sie gesorgt hat.

Jans Mutter

Die Liebe kann auch schmerzvolle Erfahrungen tragen. Ich denke dabei an die Mutter von Jan, mit der ich vor kurzem telefonierte. Ihr Sohn hatte sich in einem Anflug geistiger Verwirrung vor einen Zug geworfen. Die Mutter war darüber erschüttert und erzählte mir Folgendes: „18 Jahre habe ich um meinen Sohn gekämpft, habe gebangt und gelitten, habe gehofft und mich gefreut, wenn es ihm einmal etwas besser ging. Am Ende habe ich den Kampf doch verloren. Hinzu kommt noch, dass ich Jan mit seinen Vorwürfen Recht geben muss. Bei unserer letzten Begegnung erklärte er mir: ‚Mutter, du jagst mich fort wie einen zottigen, dreckigen Hund. Du schiebst mich ab in die Suchtstation der Psychiatrie, und dabei hätte ich nur ein warmes Bett gebraucht und dich an meiner Seite.'"

Das sind harte Worte und Anschuldigungen schlimmster Art. Wer will es einer Mutter verdenken, dass sie ihren Sohn nicht mehr bei sich aufnehmen kann. Zu viel Bösartiges hatte sie mit ihm durchlitten, wenn er im Drogenrausch wieder einmal ausrastete und seine Faust auch gegen die liebsten Menschen in der Familie erhob. Diese Mutter hatte sich ihren Rücken mit Putzarbeiten bucklig geschafft, um Jans Schulden zu bezahlen. Am Ende musste sie sich eingestehen: Ich habe ihm doch nicht helfen können. Er wählte den grausamen Tod auf den Schienen, als er keinen Ausweg mehr aus seinem Dilemma sah.

Wie hätte ich diese Mutter besser trösten können als mit dem Trost Christi? Jesus wird auch über Jan das letzte Wort sprechen, und es wird immer ein barmherziges Wort sein.

Vom Umgang mit Verletzungen

Ein Gesichtspunkt ist mir noch äußerst wichtig. Es gibt Verhaltensmuster, die uns das Leben erschweren. Natürlich erfahren wir auf unserem Lebensweg auch manches Schmerzhafte und Notvolle. Aber wir würden uns selbst Kummer bereiten, wenn wir anfingen, alles Schlimme akribisch festzuhalten und zu registrieren. Es gibt Menschen, die sind so vergesslich, dass man meint, sie leiden an Alzheimer. Aber sie wissen ganz genau, bei welchen Gelegenheiten sie beleidigt und benachteiligt wurden, was man ihnen an Schmerzvollem zufügte, wo man sie diskriminierte und wo sie gedemütigt wurden. Vielleicht macht dieser lustige Witz am besten deutlich, was ich sagen will. Pfarrer Axel Kühner hat ihn erzählt:

„Da kommen zwei Männer bei einem Klassentreffen zusammen. Sie trinken ein Glas Wein und erzählen von ihrer Familie und Ehe. Der eine meint: ‚Meine Frau wird immer historisch.'

‚Du meinst wohl hysterisch', korrigiert ihn sein Freund.

‚Nein, nein, ich meine wirklich historisch. Sie zählt

mir alles bis ins Kleinste auf, was ich in zwanzig Jahren Ehe verkehrt gemacht habe. Sie ist wirklich ein historischer Mensch.'

Können wir verzeihen? Können wir vergessen? Vielleicht sitzen manche Kränkungen sehr tief, und am liebsten würden wir dem anderen alle Vergehen heimzahlen. Dabei übersehen wir, dass wir uns nur selbst Schaden zufügen. Wir sind durch die Verletzungen des andern bekümmert, und er merkt es noch nicht einmal. Nichts schadet uns mehr, als wenn wir an den Verfehlungen festhalten und uns einbläuen: Nie werde ich diese Schandtat vergessen. Die seelsorgerische Hilfe erfahren wir dann, wenn wir uns strikt weigern, dem anderen die Schändlichkeiten nachzutragen, weil Jesus ja alle Schuld auch für ihn getragen hat. Es wäre doch töricht, wenn ich meine Seele mit altem Ballast beschwerte und vergiftete. Das heißt nicht, dass ich alles Böse gutheißen muss. Das wäre sogar schädlich. Mein Inneres könnte es nicht verkraften. Böses wird nicht dadurch aus der Welt geschafft, dass ich es als etwas Gutes darstelle. Aber ich darf es an Jesus abgeben und ihm alles überlassen. Die Bosheit wird an der Stelle durchbrochen, wo ich Jesus, den gerechten Richter, mit meiner Sache betraue. Er befiehlt uns ausdrücklich: „Richtet nicht!"

Die verbrannten Briefe

Ich will ein Beispiel aus eigenem Erleben berichten. Ich habe den einzigen Sohn einer Mutter geheiratet, die sehr eng mit ihrem Jungen verbunden war. Hinzu kam, dass sie allein erziehend war. Zunächst gab es keine Probleme in unserer Beziehung, aber mit dem Tag, da wir die Hochzeit festsetzten, gerieten wir in Konflikte. Wenn schon ihr Sohn heiraten wollte, dann müsste er mindestens eine gute Partie machen. Ich aber war ein Flüchtlingsmädchen, besaß keinen Heller und Pfennig und kam zudem aus Bessarabien, das kein Mensch kennt. Da wir uns aber von Gott zusammengeführt wussten und wir an der Heirat festhielten, kam es zu Problemen. Mir hat geholfen, meine Schwiegermutter zu verstehen, indem ich täglich für sie betete. Das ist mir nicht leicht gefallen, und in dieser Zeit hätte ich lieber für einen Indianer in Südamerika gebetet oder für einen Eskimo in Grönland als für meine Schwiegermutter. Aber ich wollte Gott gehorsam sein und auch meine Schwiegermutter verstehen lernen.

Es gab viele Spannungen zwischen ihr und mir, aber im Laufe der Jahre besserte sich unser Verhältnis, und ich war darüber sehr froh. Vor allen Dingen liebte sie ihre Enkelkinder. Als sie gebrechlich wurde, holten wir sie in unser Haus, und ich pflegte sie. Sie genoss es, nun nicht mehr allein in ihren vier Wänden zu leben, sondern an unserem Familienleben teilhaben zu können. Mit 93 Jahren starb sie. Uns fiel die Aufgabe zu, ihr Haus auszuräumen. In einem Schrank fand ich viele Briefe. Sie waren alle geordnet. Darunter war auch ein Packen mit einem roten Seidenband umwickelt, auf dem stand: Lotte. Diese Briefe betrafen also mich. Meine Schwiegermutter war es gewohnt, jeden Brief erst ins Unreine zu schreiben und dann den Antwortbrief dazuzuheften. In einer langen Nacht las ich diese Korrespondenz. Ich wusste, dass meine Schwiegermutter eigentlich gar keine Schwiegertochter hätte haben wollen, und wenn schon, dann hätte es ein reiches Mädchen mit einem großen Vermögen sein sollen. Aber was ich da las, das waren schwere Anschuldigungen gegen mich. So schrieb sie an ihren Bruder: „Mein lieber Udo! Denk dir nur, mein Karl Heinz ist an ein Flüchtlingsmädchen geraten, das so arm ist wie eine Kirchenmaus. Diese Studentin besitzt keinen Heller und Pfennig. Sie ist eine Russenmagd und kommt aus Bessarabien. Weißt du überhaupt, wo Bessarabien liegt? Sieh du zu, wie du diese Verbindung auseinander bringst. Das geht doch nicht. Immerhin sind wir Hausbesitzer und du Oberregierungsrat. Ich bin so über meinen Sohn enttäuscht. Mein Reden hilft nichts. Nie und nimmer werde ich dieses Mädchen akzeptieren."

Ich will an dieser Stelle aufhören und nicht weiter aus den Briefen zitieren. Es folgten dann noch viele böse Anschuldigungen gegen mich. Ich habe lange auf dem Sofa gesessen und konnte nicht verstehen, wie hässlich meine Schwiegermutter zu mir gewesen war. Es flossen in dieser Nacht viele Tränen. Dann aber erinnerte ich mich daran, dass ich vergeben muss. Ich darf dem Alten nicht länger nachtrauern, zumal ich allmählich eine gute Beziehung zu ihr aufgebaut hatte. So nahm ich die Briefe und verbrannte sie alle. Ich wurde frei von Bitterkeit. Heute ehre ich meine Schwiegermutter, weil sie meinem Mann das Leben geschenkt hat, und bringe Blumen auf ihr Grab.

Es gibt ein wunderschönes Lied von Jürgen Werth, dem Direktor des Evangeliumsrundfunks, das uns helfen will, einander zu vergeben.

„Wie ein Fest nach langer Trauer, wie ein Feuer in der Nacht,
ein offnes Tor in einer Mauer für die Sonne aufgemacht.
Wie ein Brief nach langem Schweigen, wie ein unverhoffter Gruß,
wie ein Blatt an toten Zweigen, ein ‚Ich mag-dich-trotzdem-Kuss'.

So ist Versöhnung, So muss der wahre Frieden sein.
So ist Versöhnung. So ist Vergeben und Verzeih'n.

Wie ein Regen in der Wüste, frischer Tau auf dürrem Land,
Heimatklänge für Vermisste, alte Feinde Hand in Hand.

Wie ein Schlüssel im Gefängnis, wie in Seenot ‚Land in Sicht!'
Wie ein Weg aus der Bedrängnis, wie ein strahlendes Gesicht.
So ist Versöhnung ...

Wie ein Wort von toten Lippen, wie ein Blick, der Hoffnung weckt,
wie ein Licht auf steilen Klippen, wie ein Erdteil neu entdeckt.
Wie der Frühling, wie der Morgen, wie ein Lied, wie ein Gedicht,
wie das Leben, wie die Liebe, wie Gott selbst, das wahre Licht.
So ist Versöhnung ..."

Endlich können wir Weihnachten feiern

Eine Mutter erzählt:

1992 war das schönste Weihnachtsfest, das ich in meinem Leben habe feiern können. Nie werde ich es vergessen können. Es war einfach wunderbar, im wahrsten Sinne des Wortes voller Wunder. Bis in alle Einzelheiten kann ich mich noch an den Tag erinnern, da Nicoles Wiege unter dem strahlenden Tannenbaum stand und so viele Familienangehörigen gekommen waren, um sich mit uns glücklichen Eltern zu freuen.

Eine wirklich schlimme Zeit lag hinter uns. Wir erwarteten unser erstes Kind, aber die Schwangerschaft war schrecklich. Fast die ganzen Monate über habe ich erbrechen müssen. Meine Beine waren stark angeschwollen, so dass meine Füße kaum in einen Schuh passten. An einem Morgen ging es mir besonders schlecht, und ich suchte unseren Hausarzt auf. Er maß den Blutdruck und erschrak. 170 zu 150 waren für mich und mein Baby viel zu hoch, vor allen Dingen der zweite Wert. Er schickte mich sofort in die Frauenklinik. Entsetzliche Schmerzen machten mir zu schaffen. Der Oberarzt versuchte mit allen Mitteln, den Blutdruck zu senken. Aber es gelang ihm nicht. Der Termin für die Geburt war noch viel zu früh. Fünf Tage brachte ich zwischen Hoffen und Bangen zu. Dann besprach sich der Oberarzt mit dem Professor und entschloss sich, um unser beider Leben zu retten, das Kind mit einem Kaiserschnitt zu holen.

Ich litt an einer gefährlichen Schwangerschaftsvergiftung, und mein Körper wollte das Baby abstoßen. Es drohte ein Nierenversagen. Das Kind war extrem schwach, als es zur Welt kam. Es wog nun 1155g, hatte eine Körperlänge von 37 cm und einen Kopfumfang von 27cm. Sofort wurde der Säugling in den Brutkasten gelegt und in die Kinderklinik gebracht. Ich habe das Kind noch nicht einmal zu Gesicht bekommen. Dort wurde dem Frühchen eine halbe Stunde lang 100% Sauerstoff zugeführt, was eigentlich unnormal ist, um die Atmung in Gang zu halten. Die Lungen waren noch nicht genug ausgebildet, und so konnte meine Nicole nicht selbst atmen. Aber in dieser Situation konnte ich mich nicht selbst um mein Kind kümmern, denn mir ging es äußerst schlecht. Ich kämpfte ums Überleben. In einer Nacht zwei Tage nach der Entbindung bekam ich schreckliche Bauchschmerzen. Meine linke Hand und mein linkes Bein konnte ich nicht mehr bewegen. Als ich nach der Krankenschwester klingelte und ihr von meinen Beschwerden erzählte, reagierte sie recht aggressiv: „Nun stellen Sie sich bloß nicht so an. Sie sind nicht die Erste auf unserer Station, die mit einem Kaiserschnitt entbunden hat. Es ist ganz normal, dass man nach einem solch schweren operativen Eingriff noch am zweiten Tag Schmerzen hat. Jetzt reißen Sie sich endlich zusammen und halten Sie mich nicht mit Ihrem Geklingel von meiner Arbeit ab. Wir haben noch mehr Patienten zu versorgen."

Aber ich ahnte, dass irgendetwas mit mir nicht in Ordnung war. Ich schrie lauter, bis endlich ein Arzt geholt wurde, der nach mir schaute. Er entfernte den Verband, und ein Blutstrahl schoss ihm entgegen. Sein Kittel färbte sich rot. Der Professor wurde eiligst herbeigerufen. Bei mir hatte eine lebensbedrohliche Nachblutung stattgefunden.

So gegen zwei Uhr in der Nacht musste ich erneut operiert werden. Mein Bauch wurde geöffnet und das Blut, das sich im Bauchraum angestaut hatte, wurde mit einem Schlauch abgesaugt. Als ich aus der Narkose erwachte, fühle ich mich sehr elend und schwach. Mein Herz versagte mir seinen Dienst, und so musste ein Herzkatheter gelegt werden, um die Herztätigkeit in Gang zu halten.

Ich lag auf der Intensivstation mit einem Schlauch im Mund, am Hals und in der Nase. Die Blutung war trotz des operativen Eingriffs nicht zu stillen, und so musste ich zum dritten Mal in den Operationssaal gebracht werden. Mit meinen 21 Jahren war ich eine Todeskandidatin. Mit großer Mühe setzte ich meinen Namen unter den Zettel, der besagte, dass ich mit der dritten Operation einverstanden sei. In dieser Lage hätte ich jedes Schriftstück unterschrieben. Ich konnte kaum noch etwas wahrnehmen. In der Nacht wurde noch mein Mann angerufen, und er eilte sofort an mein Bett. Meine Lage war kritisch. Beim Professor waren die Schweißperlen auf der Stirn nicht zu übersehen. Zehn Ärzte und Schwestern standen um mich herum, so weit konnte ich noch zählen.

Nach meiner dritten Operation trat ein ausländischer Arzt an mein Bett. Das war mir sehr lieb; denn ich stamme aus Polen und hatte noch große Mühe, mich verständlich zu machen. Bei diesem Arzt fühlte ich mich gut aufgehoben. Er würde meine Situation gut verstehen. Er wandte ein neues Blutgerinnungsmittel an und konnte damit die Blutung stoppen. Im Inneren des Bauches hatte sich ein großes Hämatom gebildet. Aber nun war die Hauptursache meines Leidens entdeckt und behoben worden. Ganz langsam konnte ich mich erholen.

Was mir natürlich Not machte, war mein Baby. Es hatte in der Kinderklinik einen Infekt bekommen und musste mit Antibiotika behandelt werden. Die Ärzte sagten mir gleich, welche Schäden später durch diese Behandlung auftreten könnten. Als ich die lange Liste von Gebrechen hörte, die mein Kind haben könnte, wurde mir ganz angst und bange.

Ich musste bei Nicole mit Sehstörungen, Hörfehlern und Nierenproblemen rechnen. Auch hätte sie geistig behindert sein können. Mein kleines, süßes Würmchen war auf die Intensivstation verlegt worden und hing wie ich an Schläuchen.

Wie bei mir, so wirkte Gott auch an meinem Baby ein wahres Wunder. Nicole hat keine Schäden davon getragen. Sie hört gut, sie sieht hervorragend, ihre

Nierenfunktionen sind in Ordnung, und geistig ist sie hellwach. Sie besucht heute die Realschule und strebt den Übergang in ein Gymnasium an.

Auch für meinen Mann war dies eine notvolle Zeit. „ Kind in Klinik, Frau halb tot, schwäre Probleme", erzählte er seinem Arbeitskollegen. Und dann kam der Tag, an dem wir als Familie wieder vereint zu Hause waren. Welch ein Glück. Die ganze Verwandtschaft, einige sogar aus meiner Heimat in Polen, reisten an, um mit uns Weihnachten zu feiern. Wir saßen unter dem Tannenbaum, sangen unsere Lieder, und aus unseren Herzen stieg der Dank zu Gott auf. Großes hatte er an uns getan. Wir begriffen: Das Kind in der Krippe ist wirklich unser Erlöser, Retter und Heiland.

Und als ob Gott seinen Liebesbeweis noch verstärken wollte, schenkte er uns zweieinhalb Jahre später ein weiteres Kind. Wir nannten unseren Schatz Laura. Auch dieses Kind wurde in der 28. Schwangerschaftswoche geboren und musste mit einem Kaiserschnitt geholt worden. Aber diesmal gab es nicht gar so viele Komplikationen.

Die Ärzte hatten mir Marcumar gespritzt, das die Blutgerinnung regeln sollte. Deshalb verlief alles viel besser. Als ich aus der Narkose erwachte, stand der Arzt an meinem Bett und sagte: „Frau Imilski, Sie haben ein wunderschönes Mädchen. Alles ist in Ordnung. Wir haben die Kleine in den Brutkasten gepackt und in die Kinderklinik gebracht. Dem Baby geht es gut." Schon nach zwei Tagen packte mich mein Mann – er ist bärenstark, denn er gehörte in Polen zu den besten Ringern – und brachte mich in die Kinderklinik. Ich war zutiefst dankbar, als ich mein Kind sehen konnte.

So dürfen wir Eltern von zwei gesunden Töchtern sein. Dass wir Weihnachten besonders in dankbarer Erinnerung an Gottes wunderbares Handeln an unserer Familie feiern, müsste ich eigentlich nicht erwähnen. Wir sind zutiefst glücklich.

Schlafen in tausend Betten

Als ich das Buch von Dr. Theo Lehmann „Freiheit wird dann sein" las, musste ich bei einigen Kapiteln schmunzeln. Er berichtet von verschiedenen Quartieren, in denen er auf seinen Evangelisationsreisen untergebracht war. Mir geht es da ähnlich, da ich ja auch schon über 25 Jahre in meiner Vortragstätigkeit unterwegs bin.

Von Dr. Lehmann unterscheidet mich, dass ich schon als Kind in den Genuss kam, „viele Schlafstätten" ausprobieren zu dürfen. Außerdem bin ich kein Ästhet. So finden sich in meiner Wohnung keine Messingleuchter, rote Kerzen, Ikonen oder Antiquitäten, wie sie Dr. Lehmann so sehr liebt. Ich versuche, meine Einrichtung so einfach wie möglich zu halten, damit ich auch beim Putzen nicht so viel Staub wischen muss. Natürlich freue ich mich, wenn ich in wunderschön eingerichteten Quartieren untergebracht werde; aber ich leide nicht darunter, wenn es manchmal nicht so komfortabel und vornehm zugeht. Meine Lebensführung hat mich gelehrt, nicht zimperlich zu sein, und das ist mir von Nutzen, wenn ich in über tausend Betten schlafen muss.

Als wir 1940 von Bessarabien umgesiedelt wurden, hatte man uns mit mehreren hundert Personen in riesigen Fabrikhallen untergebracht. Darin waren Stockbetten aufgestellt, die durch einige Gänge voneinander getrennt wurden. Meiner Familie wurden zwei Stockbetten zugeteilt. Vater und Mutter schliefen oben und wir drei Kinder unten. Die langen schmalen Gänge luden uns förmlich zum Versteckspiel ein. Wie oft rannten wir durch die ehemalige, jetzt aber ausgediente Fabrikhalle und wurden manchmal von schimpfenden Mitbewohnern gestoppt. Es war für uns ein großartiges Vergnügen. Ab und zu schlichen wir uns auch mal ins obere Bett, wenn Vater uns Geschichten erzählte. Dann konnten wir das Lagerleben von oben betrachten. Wir haben gekichert, wenn ein paar Betten weiter sich ein Liebespaar küsste, zuckten auch zusammen, wenn es Streit in einer Familie gab und dabei dem Großvater die Hand ausrutschte. Über das Leben im Lager könnte ich ein dickes Buch schreiben, so interessant war es. Ich hatte den „Genuss", es über eineinhalb Jahre kennen zu lernen.

Als wir uns 1945 auf die Flucht begaben, schliefen wir die ersten zehn Tage immer auf unserem Pferdewagen unter freiem Himmel, denn die russischen Panzer waren uns auf den Fersen, und wir mussten uns beeilen, um ja nicht unter die Räder zu kommen. Über uns glänzten die Sterne in ihrer Pracht, und ich habe immer versucht, sie zu zählen. Meist bin ich darüber unter den warmen Federbetten eingeschlafen, die Mutter noch kurz vor der Abfahrt auf unseren Wagen hatte werfen lassen. Wurde ich manchmal durch den Kanonendonner aufgeschreckt, dann zuckte ich zusammen. Aber wenn ich über mir den Mond sah, der uns bis zum Morgen begleitete, schlief ich wieder ein.

Bei Tag wurde öfter eine kurze Rast für die Pferde eingelegt, damit unser Herr Stachow und Herr Kubiak sie tränken und füttern konnten. Wie dankbar bin ich für unsere treuen Knechte.

Als wir glücklich die Oder überquert hatten, suchten wir für die Nacht immer ein Quartier. Die Pferde wurden bei den Bauern in Ställen oder Scheunen untergestellt, und wir schliefen, wenn wir Glück hatten, in Betten, die liebe Menschen für uns bereithielten. Oft wurden wir auch in ehemaligen Tanzsälen, Schulen oder Kinos untergebracht. Dort waren Strohlager eingerichtet. Aber gern haben wir diese Art von Übernachtung nicht angenommen; denn wir machten meist mit kleinen Tierchen wie Läusen oder Flöhen Bekanntschaft. In den Privatquartieren wurde uns auch oft eine heiße Linsen- oder Erbsensuppe aufgetischt, und nach einer langen Tagesfahrt durch Eis und Schnee gewannen wir den Eindruck, als wären wir in einem First-Class-Hotel.

In einem Ort hinter Glogau waren unsere Quartiergeber besonders freundlich. Sie hatten auch Kinder in unserem Alter, und wir durften mit ihren Puppen, Bauklötzchen oder Bällchen spielen. Dabei ist mir ein Missgeschick passiert. Ich hielt einen aufblasbaren Clown in den Händen und blies so viel Luft hinein, dass er platzte. Ich bekam einen gewaltigen Schrecken. Anstatt diesen Schaden bei unseren Wirtsleuten zuzugeben, versteckte ich den Clown hinter einem Schrank. Am nächsten Morgen fuhren wir dann wieder weiter, und die Bevölkerung in dieser Gegend musste sich auch kurz danach auf die Flucht begeben, weil die feindliche Front immer näher rückte. Mich aber quälte ein schlechtes Gewissen. Hätte ich doch bloß um Verzeihung gebeten. Alles wäre gut gewesen. So habe ich diesen Ort Grünberg in böser Erinnerung behalten. Ich hoffte nur, dass die Kinder dieser freundlichen Familie nicht zu sehr über den aufgeplatzten Clown traurig waren. Sicher haben sie ihn hinter dem Schränkchen bald entdeckt.

Das nächste Ziel, das wir anstrebten, war Crossen. Wir kamen wegen heftigen Schneetreibens und Glatteis nur langsam voran. Über mehrere Stunden mussten wir durch einen Wald fahren. Mein Vater hat, wo es möglich war, Nebenstraßen bevorzugt, da diese nicht so häufig vom Militär befahren waren. Man hatte uns gesagt, dass wir nach dem Forsthaus rechts abbiegen sollten, dann wäre der Ort nicht mehr weit. Wir fuhren und fuhren, konnten aber kein Forsthaus entdecken. Vater lenkte den vorderen Wagen, und Herr Stachow mit meiner Mutter und uns Kindern folgten hinterher. Unsere Pferde, der Schimmel, die Wanda und der Hektor, schafften nicht mehr den Anschluss an Vaters Wagen. Als dann noch unser Knecht anhielt und im Wald verschwand, geriet Mutter in Panik. Sie schrie laut, und ich höre ihr Rufen heute noch in meinen Ohren: „Albert! Albert!" Aber der Wind trieb die Schreie in die entgegengesetzte Richtung. „Jetzt sind wir verloren", hörte ich Mutter klagen. Wir hatten Angst, dass Herr Stachow uns verlässt und zu seiner Verlobten in Polen zurückkehrt. Nach einer Weile trat er aber aus dem Gebüsch. „Panja, warum hast du solche Angst? Darf ich noch nicht mal mein kleines Geschäft hinter den Bäumen verrichten?" Mutter beruhigte sich wieder.

Wir sind dann erst so gegen Mitternacht in Crossen angekommen. Wir fanden auch sofort das Haus, in dem wir die Nacht verbringen sollten. Das Wohnzimmer hatte diese Familie ausgeräumt und ein wunderschönes Strohlager für uns gerichtet. Das kleine Kanonenöfchen spie tüchtig Hitze aus. Wir zogen uns sofort unsere Schuhe aus und wärmten unsere durchgefrorenen Füße und Hände. In der Küche stand der Suppentopf auf dem Herd, und noch nie hat mir eine Bohnensuppe mit Speck so gut geschmeckt wie in Crossen. Sogar unsere beiden Knechte durften mit am Tisch sitzen, was eigentlich von den Nazis verboten war. Dann richtete unsere Hauswirtin für unsere beiden Polen ein Lager in der warmen Küche. Noch heute denke ich an das wunderbare alte Ehepaar, das uns so freundlich aufgenommen und Gastfreundschaft geübt hat. Es müssen Christen gewesen sein, denn an den Wänden hingen Bibelsprüche. Das alte Ehepaar erlaubte uns sogar, ein paar Tage länger zu bleiben, weil meine Mutter sehr krank geworden war und ärztliche Hilfe brauchte.

In Löbejün erlebten wir unsere ersten Fliegerangriffe. Wir waren in einer Schule untergebracht. Nachts ging plötzlich die Sirene los. Ihr Geheul hat uns alle aus dem Schlaf aufgeschreckt, denn sie war unheimlich laut und zudem auf dem Schuldach angebracht. Schnell schlüpften wir in unsere Schuhe und warfen uns den Mantel über. Jeder nahm sein Köfferchen oder seinen Rucksack in die Hand, und wir rannten auf schnellstem Weg in den Keller. Onkel Rudolf aber wollte nicht aufstehen. „Ich bin zu müde, lasst mich schlafen", brummte er. „Es wird schon nichts passieren." Er drehte sich einfach auf die andere Seite. Als aber die ersten Bomben fielen und es mächtig krachte, sprang er auf. „Meine Hose, wo ist meine Hose?" Vor Aufregung und wegen der Dunkelheit – der Strom war nämlich ausgefallen – lief er in seinen Unterhosen in den Luftschutzkeller. Als der Angriff vorüber war und wir von den Bomben verschont geblieben waren, haben wir über ihn lachen müssen, als er uns erzählte, wie er spärlich bekleidet davongerannt war. Wir liebten unseren Onkel, und seine witzige Art, uns seine Geschichtchen zu erzählen, gefiel uns.

Unsere spätere Bleibe war Großörner im Südharz. Dort hätten wir längere Zeit bleiben können. Vom Roten Kreuz war uns ein Zimmer zugewiesen worden. Auf dem Hof stand noch eine große Scheune, in der wir unsere Pferde unterbringen konnten. Unsere Gastgeber, ein älteres Ehepaar, hatte aus Altersgründen die Landwirtschaft abgeschafft und sich von ihren Kühen getrennt. So war es unser Glück, dass in der Scheune noch viel Heu und Stroh lagerten. Unser Knecht – wir hatten jetzt nur noch einen, weil Herr Kubiak zu seiner Familie nach Polen zurückgekehrt war – versorgte unsere Pferde bestens. Mein Vater konnte sich auf ihn verlassen. Was uns aber fehlte, war ein Luftschutzbunker. Durch die vielen Flüchtlinge, die westwärts geströmt waren, blieb in den Kellern für uns kein Platz mehr. So suchten wir nach einem Ausweg. In unserer Nähe war ein Arbeitslager untergebracht. Die französischen Fremdarbeiter zogen bei Fliegeralarm aus der Stadt in den nahe gelegenen Park. Das Geklapper ihrer Holzschuhe war unüberhörbar. Ihnen schlossen wir uns an und setzten uns auf eine Parkbank. Bisher waren wir in diesem Städtchen von Angriffen verschont geblieben. Aber in einer Nacht hörten wir das dröhnende Motorengeräusch der vielen Bomber. Plötzlich wurden „Christbäume" gesetzt. So nannte man die Lichtbündel, mit denen die Bomberverbände das Gebiet absteckten, das sie angreifen wollten. Zusätzlich wurden Leuchtkugeln abgeschossen, die die Nacht taghell werden ließen. Dann krachten auch schon die ersten Bomben. Ich sprang auf und suchte Schutz im Gebüsch. Ganz tief verkroch ich mich unter herabhängenden Zweigen. Die Luft erzitterte durch die Explosionen. Ich hatte schreckliche Angst und krümmte mich ganz ineinander. Wenn ich von Bomben getroffen würde, wollte ich lieber tot sein, als einen Arm oder ein Bein zu verlieren. Ich weiß nicht mehr, wie lange ich im Gebüsch gehockt habe. Als der Angriff vorüber war, kroch ich unter dem Blattwerk hervor. „Papa! Mama!", suchte ich rufend meine Eltern. Ich atmete tief durch, als ich auch ihr Rufen nach mir vernahm. „Lotte, wo bist du?" Meine Familie war heil geblieben. Ich stotterte zu Gott: „Danke, lieber Vater im Himmel." Aber am nächsten Tag ließ Vater unsere wenigen Habseligkeiten auf den Wagen laden, und wir verließen diese kleine, gefährdete Industriestadt. Der Boden war uns unter unseren Füßen zu heiß geworden. Nun irrten wir auf den Straßen umher. Immer wieder fragten wir die Bürgermeister, ob wir in ihrem Dorf eine Bleibe finden könnten. Aber die Antwort lautete stets: „Fahren sie bloß weiter, unser Ort ist von Flüchtlingen randvoll."

Einmal mussten wir sogar die Straße verlassen; denn es waren Panzersperren gelegt. Es gab kein Vorwärtskommen mehr. Wir mussten wieder umkehren. Da spannte Herr Stachow sechs Pferde vor einen Wagen und fuhr quer durch den Wald. Auf diese Weise umfuhr er die vielen Baumstämme, die über die Straße gelegt waren. Ich höre noch heute das „Hüh, hüh" und das Peitschenknallen, bis wir dieses unwegsame Gelände durchquert hatten. Wir Kinder mussten auch tüchtig den Wagen anschieben. Stachow war sehr umsichtig und passte auf, dass er an keinem Wurzelstock mit den Rädern hängen blieb.

Inzwischen brach die Nacht herein, und nur der helle Mond begleitete uns auf unserem Weg. Wir fuhren durch Königerode – es war ein schönes, schmuckes Dorf, das wir ja schon am Morgen bei der Durchfahrt bestaunt hatten. Hier wollten wir unbedingt bleiben. Aber überall, wo wir um ein Quartier anhielten, wurden wir abgewiesen. Manchmal packte uns auch der Groll. Hatten denn die Menschen hier kein Herz für eine kinderreiche Familie mit ihrer schwangeren Mutter, die stündlich auf ihr Baby wartete? Schließlich bogen wir rechts von der Hauptstraße ab und erreichten Braunschwende, ein kleines abseits gelegenes Dorf im Harz. Wir steuerten einen Gasthof an. Dieser war mit Soldaten belegt. Wir mischten uns unter sie, denn wir waren schrecklich müde. Wo irgendein Plätzchen auf dem Fußboden leer war, da breiteten wir eine Decke aus und legten uns hin. Mit unseren Federbetten deckten wir uns zu und schliefen auch sofort ein. Als wir am nächsten Morgen aufwachten, hatten sich die deutschen Soldaten alle aus dem Staub gemacht. Panikartig müssen sie das Gasthaus verlassen haben; denn überall fanden wir Waschzeug, Schreibpapier, Fotos, Kleidung und andere Utensilien auf den Strohsäcken liegen. Es machte uns richtig Spaß, diesen ehemaligen Tanzsaal nach Kostbarkeiten zu durchsuchen. Ich hatte mir ein kleines, ledernes Federmäppchen zugesteckt, das mir über viele Jahre bis zum Abitur einen guten Dienst getan hat. Im Saal waren auch viele Lebensmittel zurückgeblieben, und es war uns zumute, als hätte der Himmel ein Mama über uns ausgeschüttet. Wir bedienten uns tüchtig und hatten für die nächsten Tage genug Brot, Wurst, Marmelade und Käse.

In einem abbruchreifen Haus fanden wir eine Unterkunft, denn der Wirt ließ uns nicht länger im Gasthaus wohnen. In der folgenden Nacht hörten wir dröhnendes Artilleriefeuer. Königerode brannte in hellen Flammen. Rauch stieg aus den Gehöften auf. In diesem Ort hatten sich Soldaten der SS verbarrikadiert, die das Dorf bis auf den letzten Mann verteidigen wollten. Die Amerikaner schossen zurück, und es waren viele Tote zu beklagen. Da lernten wir wieder Gott zu danken, dass wir in Königerode kein Quartier gefunden hatten. Unser Groll verwandelte sich in Dank.

Braunschwende wurde den Amerikanern kampflos übergeben. Die Bevölkerung hatte weiße Laken aus den Fenstern gehängt zum Zeichen, dass nicht gekämpft werden sollte. Braunschwende wurde für einige wenige Tage unsere neue Bleibe. Hier wurde mein Geschwisterchen geboren, und hier haben wir es auch in die fremde Erde legen müssen. 40 Jahre später habe ich noch einmal das kleine Grab aufsuchen können.

Meine letzte Übernachtung auf der Flucht war ein großer Heuboden auf einem Gut in Wanfried in Hessen. Wir hatten uns im Heu sehr gut eingerichtet. Platz hatten wir genug, und hier konnten wir herrlich schlafen. Das Heu war weich und duftete. In der Nähe des Gutes floss die Werra. Wir nutzten die acht Tage, in denen mein Vater in dieser Gegend eine Arbeitsmöglichkeit suchte, um in dem Fluss zu baden. Vor allen Dingen tummelten wir uns am Wehr. Es war dicht mit Moos bewachsen, und wir rutschten auf dem weichen Polster das Wehr hinunter und planschten fröhlich im Wasser. Das war unsere letzte Bleibe, an die ich mich gerne erinnere, bis wir dann in Breitenbach bei Bebra Arbeit und Unterkunft beim Gutsbesitzer Ritter fanden. Inzwischen war der Krieg zu Ende, und wir atmeten alle erst mal tief durch.

Wer in seiner frühen Jugend in so vielen Betten hat schlafen müssen, ist nicht zimperlich, wenn er auf Vortragsreisen unterwegs ist. Mir kam dies zugute.

Um es aber vorweg zu sagen, ich habe meist wunderschöne Quartiere bezogen. Die Menschen gaben ihr Bestes und machten es mir so angenehm wie möglich.

In einem größeren Dorf in Württemberg schlief ich im oberen Stockwerk, das sonst nicht bewohnt und auch nicht beheizt werden konnte. Der Januar war bitterkalt, aber gefroren habe ich nicht in meinen Kissen. Die Federbetten hüllten mich warm ein. Einmal auf dem Nachhauseweg von der Veranstaltung ärgerte sich meine Quartiergeberin. „Ich wollte doch für Frau Bormuth noch die Wärmflaschen – es waren gleich mehrere – ins Bett legen, bevor wir uns zum Frauentreff auf den Weg gemacht haben. Und nun habe ich es doch vergessen." Ihr Mann, der uns mit dem Auto abholte, beruhigte sie: „Lina, reg dich nicht auf! Das habe ich schon alles getan." Außerdem hatte der Hausherr jeden Abend so gegen 22 Uhr den Tisch gedeckt, und es gab Buttercremetorte oder Windbeutel.

Als 1990 die Grenze zum Osten fiel, bot sich mir ein weites Betätigungsfeld. Ich wurde oft ins Erzgebirge eingeladen. Zu Beginn der 90er Jahre hatten noch viele Häuser keine Heizung. In Zschorlau war ich bei einer allein stehenden Frau untergebracht. Auf meinem Bett lag ein Morgenmantel, und unter dem Bett standen warme Hausschuhe. „Wenn Sie mal nachts zur Toilette müssen", lachte meine Hauswirtin, „denn sie befindet sich außerhalb meiner Wohnung. Sie sollen sich nicht erkälten, wir brauchen Sie noch. Übrigens habe ich Ihnen im Badezimmer Duschcreme hingestellt. Sie dürfen sie mitbenutzen." In der ersten Zeit nach dem Fall der Mauer waren solche Toilettenartikel in den neuen Bundesländern noch eine Rarität. Meine Gastgeberin hatte dieses Duschgel bestimmt selbst geschenkt bekommen. Über so viel Liebe konnte ich nur staunen.

In Brünnlos schlief ich in einem Kinderzimmer mit zwei kleinen aufgeweckten Buben. Als sie zu Bett gebracht wurden, bat sie die Mutter dringlich: „Bitte, macht heute Nacht bloß keinen Krach. Ihr dürft Frau Bormuth nicht stören. Sie ist unser Gast." Wir haben zu dritt wunderbar geschlafen. Als ich am Morgen aufgewacht bin, waren die Kleinen schon längst in das Bett ihrer Eltern geschlüpft.

In Hamburg holte mich die Nichte einer älteren Dame vom Bahnhof ab. Ihre Wohnung befand sich im dritten Stock. Da sie schwer gehbehindert war, konnte sie nicht mehr aus ihren vier Wänden ins Freie kommen. So fühlte sie sich oft sehr einsam und hatte extra darum gebeten, dass ich ihr Gast sein sollte. Wir haben uns wunderbar verstanden, und sie hat mir viel aus ihrem Leben berichtet. Um 23 Uhr wollte ich mich zur Ruhe begeben, denn für mich ging ein langer Tag zu Ende. Im Wohnzimmer hatte sie mir auf einem Liegesessel ein Bett bereitet. Aber die alte Dame war noch putzmunter und bat mich, ob ich nicht lieber bei ihr im Bett schlafen könnte. Wir hätten darin bestimmt auch zu zweit Platz und könnten uns noch weiter unterhalten. Ich stutzte, überlegte kurz und dachte nur, wo ich bei der Körperfülle meiner Gastgeberin noch Platz finden könnte? So bevorzugte ich doch den wunderbaren Liegesessel und war am nächsten Tag gut ausgeruht. Aber mir wurde auch bewusst, wie einsam sich ein Mensch fühlen muss, der tagaus und tagein allein in seinen vier Wänden leben muss. Am nächsten Morgen hat sie mich mit einem herrlichen Frühstück verwöhnt. Auf dem Tisch standen Eier, Honig, Käse, Wurst, Brot und Butter. An diese alte Dame denke ich noch gerne zurück.

Nichts ist schöner als Heimkehr

Wie sehr liebe ich Psalm 126, der die Heimkehr der Gefangenen wunderbar beschreibt. Er berichtet vom Glück des Menschen, der die Fesseln, mit denen er gebunden war, abstreifen konnte und nach Hause gekommen ist. Ich selber kenne das Bangen um liebe Menschen, die in russische Gefangenschaft geraten waren oder in der sibirischen Eiswüste als vermisst gemeldet wurden. Solche Nachrichten haben mir fast das Herz zerrissen, und unsere Familie hat um das Leben lieber Angehöriger getrauert und viele Tränen geweint. Aber von diesem Elend waren im Zweiten Weltkrieg viele Familien betroffen. In unserer Gemeinde hatte der Pastor wöchentliche Gebetsandachten eingerichtet, und in der Woche des Buß- und Bettags haben wir uns jeden Abend in der Kirche versammelt. Gottes Arm wollten wir mit unserem Rufen in Bewegung setzen. An die Fenster stellten wir in unserem Dorf Kerzen als Zeichen der Hoffnung. Kehrte dann einer der Männer nach Hause, dann verbreitete sich die Nachricht wie ein Lauffeuer: „Hast du schon gehört, der Schade-Schorsch ist nach Hause gekommen? Weißt du, dass Grunzen-Heinz wieder bei seiner Mutter ist? Schmidts jüngster Sohn Gerhard ist zurückgekehrt." Dann versammelten sich viele aus dem Ort vor dem Fenster, und der Männerchor sang dem Heimkehrer einen Willkommensgruß. Oft spielten auch die

Posaunen. Es war eine frohe Wiederkehr, die uns Dorfbewohner sehr bewegte und glücklich machte. Wieder war einer nach Hause gekommen. Es flossen Freudentränen. Manchmal zog sich aber auch das Herz zusammen vor Schmerz, weil Mütter um ihre Söhne, Frauen um ihre Ehemänner und Kinder um ihre Väter oder Brüder bangten. Würde für sie auch bald die Stunde der Heimkehr schlagen?

Heute, wenn im Fernsehen über die Rückkehr der deutschen Soldaten aus russischer Gefangenschaft berichtet wird, muss ich diese Sendung sehen. Mein Innerstes wird davon ergriffen.

Als der Krieg 1945 zu Ende ging, waren noch Millionen deutscher Soldaten in den Lagern gefangen gehalten. Außerdem waren Hunderttausende von Zivilisten auf der Flucht aufgegriffen und manchmal bis nach Sibirien verfrachtet worden. Sie sollten in den Wäldern, in den Kohlebergwerken, in den Ziegeleien und beim Schienenbau Zwangsarbeit leisten. Es war die Hölle. Wochenlang fuhren die Güterwaggons weit bis ins Innere Russlands. Tausende von Zügen rollten mit ihrer teuren Menschenfracht bis in die Taiga und Tundra und brachten die Gefangenen zu den Baracken. Als die anderen Siegermächte – England, Frankreich und Amerika – längst ihre Gefangenenlager geräumt hatten, behielt Stalin Millionen von Deutschen als Geiseln in seiner Gewalt zurück und setzte sie zum Wiederaufbau seines zerstörten Landes ein. Oft waren die Baracken restlos überfüllt. Wo sonst hundert Gefangene eingekerkert waren, wurden die Pritschen mit zweihundert Männern belegt. Für viele blieb nur ein Platz auf dem kalten Fußboden. Aber wen kümmerte das schon, wenn die Soldaten froren, krank wurden oder vor Hunger starben? Bei Temperaturen von minus 40 Grad wurden Männer und Frauen in die Eiswüste gejagt und mussten zum Teil auch unter Tage in niedrigen Kohlenflözen das schwarze Gold nach oben befördern. Es fehlte an warmer Kleidung und an ausreichender Nahrung. Das Essen war knapp bemessen, und in der dünnen Wassersuppe schwammen höchstens ein paar Kohlstrünke. Fettaugen suchte man vergeblich. Wer seine Arbeitsnorm nicht erfüllen konnte, weil er zu elend und schwach war, musste mit Nahrungsentzug rechnen. Zigtausende waren so geschwächt, dass sie die Zeit im Lager nicht überlebt haben. Die ärztliche Versorgung war äußerst schlecht, und wer im Lager dem Tod von der Schippe gesprungen war, hat oft die lange Heimfahrt in den Viehwaggons nicht überlebt. Die Erschöpfung war zu groß. Die Namen der Toten waren zwar registriert, aber diese Listen blieben geheim. Die Menschen wurden schlimm behandelt. Sie wurden geschlagen, gefoltert und ihrer Würde beraubt. So haben manche Angehörige sieben, acht oder zehn Jahre vergeblich auf ihre Lieben warten müssen, die in Russland als vermisst gemeldet waren. Später besserte sich die Situation in den Gefangenenlagern. Der Alltag gestaltete sich erträglicher.

Die Begegnung zwischen Männern und Frauen wurde nicht mehr unterbunden, Ehefrauen wurden im Lager zu ihren Männern gebracht. So blieb es nicht aus, dass in den Baracken Kinder geboren wurden. Der erste Säugling, der das Licht der Welt erblickte, hieß Karin. Dieses Kind hat neue Hoffnung geweckt. Das Leben setzte sich durch.

Bis 1954 kehrten zwei Millionen Gefangene nach Deutschland zurück. Doch Zigtausende wurden weiter in den Lagern gefangen gehalten. Man stempelte sie zu Kriegsverbrechern ab. In gerichtlichen Schnellverfahren wurden sie oft bis zu 25 Jahren Lagerhaft verurteilt. Dies kam einem Todesurteil gleich. Für die Männer bedeutete dies, dass sie ihre Heimat wohl nicht wiedersehen würden. Die russische Erde würde ihr Grab werden. Bei den Verhandlungen herrschte große Willkür. Wie am Fließband liefen die Gerichtsverfahren ab. Es war eine verzweifelte Situation. Von der Außenwelt abgeschottet, schmachteten die Gefangenen in den Baracken. Erst nach Jahren war durch das Rote Kreuz ein Briefkontakt mit den Angehörigen ermöglicht worden. Dann aber sickerte doch durch, dass Adenauer, der erste Kanzler der Bundesrepublik, sich für die Freilassung der Kriegsgefangenen einsetzen wollte. Im Westen herrschte Aufbruchstimmung trotz der vielen zerrissenen Familien.

Im März 1953 starb der „Held" der Sowjetunion. Die russische Bevölkerung trauerte um ihr „Väterchen Stalin". Bei den Soldaten keimte Hoffnung auf, und wirklich wurde eine Amnestie für deutsche Gefangene ins Auge gefasst. Aber sie kam leider nicht zustande. Am 17. Juni 1953 ging in der ehemaligen DDR die Bevölkerung auf die Barrikaden und forderte bessere Lebens- und Arbeitsbedingungen. Russische Panzer griffen ein und walzten den Aufstand nieder. Es kam zum Blutvergießen. Damit schwand in den Gefangenenlagern auch die Hoffnung auf baldige Entlassung.

Doch als mit dem neuen Machthaber Nikita Chruschtschow in Russland politisches Tauwetter einsetzte, veränderte sich auch die Lage der Gefangenen. Zwölftausend kehrten über Frankfurt an der Oder nach Hause zurück. In der DDR durften sie nicht über ihre Lagerhaft reden. Die Angst war bei den Männern groß, dass sie wieder nach Sibirien verfrachtet werden könnten. So legte sich im Osten über die Jahre russischer Gefangenschaft der Mantel des Schweigens.

Bundeskanzler Adenauer war entschlossen, die restlichen Gefangenen nach Hause zu holen. Er nutzte dazu die Gelegenheit, als er von den russischen Machthabern nach Moskau eingeladen wurde. Der Kreml wollte mit der Bundesrepublik diplomatische Beziehungen aufbauen. So wagte sich Konrad Adenauer in die Höhle des Löwen. Noch immer galt in der Zeit des so genannten Kalten Krieges der deutsche Kanzler als Kriegshetzer und wurde Hitler gleichgestellt. Mutig sprach Adenauer das Problem an, dass zehn Jahre nach Kriegsende noch immer Tausende von Kriegsgefangenen in russischen Lagern schmachteten. Daraufhin wurde ihm bedeutet, dass es in Russland keine deutschen Kriegsgefangenen mehr gäbe. Das seien nur noch Verbrecher, die ihre Strafe in Lagern abbüßen müssten. Adenauer war darüber erbost und wollte die Verhandlungen über diplomatische Beziehungen abbrechen. Er ließ die Flugzeuge, mit denen er nach Moskau gekommen war, wieder zurückbeordern. Da lenkte die sowjetische Führung ein. Nach einem Besuch im Bolschoitheater gingen beide Delegationen aufeinander zu. Adenauer und Bulganin einigten sich darauf, dass alle deutschen Kriegsgefangenen ihre Heimreise antreten dürften.

In Westdeutschland wurde der Kanzler mit Jubel empfangen, und in Russland begannen die Vorbereitungen für den Rücktransport. Als die russischen Wachposten eines Tages von den Lagern abgezogen wurden, ahnten die deutschen Soldaten, dass die Wende eingeläutet war. Jeder Trupp, der die Baracken verließ, wurde mit dem Lied des Blasorchesters verabschiedet: „Muss i denn, muss i denn zum Städtele hinaus". Die Freude der deutschen Männer und Frauen war nicht zu beschreiben. Auf dem langen Weg in ihren Viehwaggons fanden sie kaum Schlaf. Durch die Ritzen wollten sie die Landschaft wahrnehmen, um zu sehen, wann sie endlich deutschen Boden erreichten. Nach Tagen einer langen Reise tauchten vertraute Gegenden und Ortsnamen auf. Als die Heimkehrer mit Bussen ins Lager Friedland einfuhren, blieb kaum ein Auge trocken. Die Glocke läutete, und spontan wurde das Lied angestimmt:

*„Nun danket alle Gott
mit Herzen, Mund und Händen,
der große Dinge tut
an uns und allen Enden,
der uns von Mutterleib
und Kindesbeinen an
unzählig viel zugut
und noch jetzt und getan.*

*Der ewig reiche Gott
woll uns bei unserm Leben
ein immer fröhlich Herz
und edlen Frieden geben,
und uns in seiner Gnad
erhalten fort und fort
und uns aus aller Not
erlösen hier und dort."*

Der Augenblick der Heimkehr löste einen Freudentaumel aus. Jubel brach an. Mit Blumensträußen wurden die Männer empfangen, und die Fahrt in Bussen zu ihren Heimatorten geriet zu einem Triumphzug. An den Straßen standen die Menschen, winkten und riefen ihren Heimkommenden Willkommensgrüße zu. Viele brachen auch in Tränen aus. Nach so vielen Jahren durften zehntausend Soldaten heimatlichen Boden betreten. Doch eineinhalb Millionen blieben verschollen. Freud und Leid lagen ganz nah beieinander. Es boten sich unvergessliche Bilder von Jubel und Trauer. Für viele Angehörige schwand die Hoffnung, ihre Ehemänner, Söhne oder Brüder in die Arme schließen zu können.

Für eine größere Zahl von Heimkehrer blieb der Beginn des neuen Anfangs besonders schwer. Sie hatten ihre Heimat im Osten Deutschlands verloren. Es war eine enorme Herausforderung für sie, in der Fremde Wurzeln zu schlagen. Und doch überwog die Freude, endlich frei zu sein. Wer könnte diesem Erleben besser Sprache verleihen als Psalm 126?

„Wenn der Herr die Gefangenen Zions erlösen wird, so werden wir sein wie die Träumenden.

Dann wird unser Mund voll Lachens und unsere Zunge voll Rühmens sein.

Dann wird man sagen unter den Heiden: Der Herr hat Großes an ihnen getan!

Der Herr hat Großes an uns getan; des sind wir fröhlich.

Herr, bringe zurück unsere Gefangenen, wie du die Bäche wiederbringst im Südland.

Die mit Tränen säen, werden mit Freuden ernten.

Sie gehen hin und weinen und streuen ihren Samen und kommen mit Freuden und bringen ihre Garben."

Vom Schmerz

Der Schmerz ist uns wohl allen gut bekannt, und wir wissen oft auch von bedrohenden Zeiten des Schmerzes und des Leides. Ich selbst habe drei Jahre eine heftige Schmerzerfahrung durchstehen müssen. Meine Schwester wurde bei einem Zugunglück schwer verletzt. Als Einzige in ihrem Abteil hat sie den Aufeinanderprall zweier Züge überlebt. Es ist kaum zu beschreiben, welche Verletzungen ein Mensch erleidet, wenn er der Wucht eines solchen Zusammenstoßes ausgesetzt ist. Der letzte Wagen war so zusammengepresst, dass die Vorderachsen bei den Hinterachsen standen und der Mittelteil hoch in die Luft hinausragte. Aus diesem aufgetürmten Trümmerberg wurde meine Schwester herausgeschweißt. Dass sie überlebt hat, kommt einem Wunder gleich. Reporter haben darüber in Schlagzeilen berichtet: „Diese junge Mutter muss wohl gleich mehrere Schutzengel gehabt haben."

Das Leben wurde meiner Schwester bewahrt, aber der Preis war hoch. Beide Beine waren abgequetscht, und sie sitzt seitdem im Rollstuhl. An diesem Krankenbett habe ich das Schreien zu Gott gelernt, und es waren die Psalmen, die meiner Schwester und mir Trost und Hilfe gaben.

So weiß die Bibel auf vielen ihrer Seiten vom Schmerz zu berichten, sowohl als körperliches wie auch als seelisches Leiden. Viele kennen die Geschichte von Joseph und seinen Brüdern. Da hat sich Joseph durch seine Arroganz und Angeberei bei seinen Geschwistern unbeliebt gemacht, und so beschließen sie, ihren Bruder zu töten. Seinen mit Blut befleckten Rock wollen sie ihrem Vater schicken und sagen: „Die wilden Tiere haben Joseph angegriffen und seinen Leib zerrissen." An der Stelle berichtet die Bibel: „Da zerriss Jakob seine Kleider und legte einen Sack um seine Lenden und trug Leid um seinen Sohn; und alle seine Söhne und Töchter traten herzu, dass sie ihn trösteten; aber er wollte sich nicht trösten lassen und sprach: Ich werde mit Leid hinunterfahren in die Grube zu meinem Sohn. Und sein Vater beweinte ihn" (1. Mose 37,34 f.).

Von David, dem bedeutenden König im Alten Testament, hören wir, wie er von tiefem Schmerz ergriffen wird, als ihm der tragische Tod seines Sohnes gemeldet wird. „Da ward der König traurig und ging hinauf auf den Söller am Tor und weinte und im Gehen sprach er also: Mein Sohn Absalom, mein Sohn, mein Sohn, wollte Gott, ich wäre für dich gestorben. Oh Absalom, mein Sohn, mein Sohn" (2. Samuel 19,1 f.).

Auch Jesus kennt den Schmerz und in prophetischer Schau sieht er das Unglück, das über Jerusalem hereinbrechen wird. So klagt er: „Jerusalem, Jerusalem, die du tötest die Propheten und steinigst, die zu dir gesandt sind! Wie oft habe ich deine Kinder versammeln wollen, wie eine Henne versammelt ihre Küchlein unter ihre Flügel; und ihr habt nicht gewollt. Siehe, euer Haus soll euch wüst gelassen werden" (Matthäus 23,37-38).

Von Paulus wissen wir, dass er im Blick auf sein Volk Israel ausruft: „Ich sage euch die Wahrheit in Christus und lüge nicht, wie mir Zeugnis gibt mein Gewissen in dem Heiligen Geist, dass ich große Traurigkeit und Schmerzen ohne Unterlass in meinem Herzen habe" (Römer 9,1-2). Er kann den Gedanken nicht ertragen, dass seine Landsleute, die er liebt, ohne Christus in den Tag leben und einmal nicht in das Reich Gottes kommen werden. Er will alles tun, damit sie zur Erkenntnis der Wahrheit finden.

Besonders großen Schmerz trug die Mutter Jesu. Zu ihr sagte der greise Simeon, der gerade im Tempel war, als die Eltern ihr Kind zur Segnung brachten: „Siehe, dieser wird gesetzt zu einem Fall und Auferstehen vieler in Israel und zu einem Zeichen, dem widersprochen wird, und es wird ein Schwert durch deine Seele dringen, damit vieler Herzen Gedanken offenbar werden" (Lukas 2,34-35). So wurde Maria schon als junge Frau durch diese Ankündigung zur Mater dolorosa (der schmerzensreichen Mutter). Sie wird einmal unter dem Kreuz stehen und ihre Sinne werden ihr fast vergehen, wenn sie sehen muss, welch grauenhaften, qualvollen Tod ihr Sohn erleiden muss. Schon bei der Segnung ihres Kindes wurde ihr dies verkündigt.

Nicht nur der tiefe seelische Schmerz, auch der grauenvolle leibliche Schmerz wird uns in der Bibel aufgezeigt. Da ist der Schmerz Adams, der den Fluch und Zorn Gottes über den Sündenfall erfahren muss und nur noch unter großer Mühsal über den Acker geht und Dornen und Disteln auf seinen Getreidefeldern sehen muss. Im Schweiße seines Angesichts muss er sein Brot essen. Gott sagt zu ihm: „Du bist Erde und sollst wieder zur Erde werden." Und an Eva richtete er die Worte: „Ich will dir viel Schmerzen schaffen, wenn du schwanger wirst. Du sollst mit Schmerzen Kinder gebären." Es gibt ein Buch mit dem Titel „Die schmerzfreie Geburt". Es wurde von einem Mann verfasst und ist eine Illusion. Ich habe noch nie eine Mutter kennen gelernt, die ohne Wehen ihre Kinder zur Welt gebracht hätte.

Die größte Leidensgestalt in der Bibel aber ist Hiob. Ihm wird alles genommen. Er verliert seinen großartigen Besitz, denn er war ein reicher Mann und hatte Tausende von Rindern, Kamelen und Schafen. Seine Kinder kommen bei einem Gewittersturm ums Leben, weil ihr Haus zusammenbricht und sie unter den Trümmern begraben werden. Zuletzt sitzt Hiob einsam und verlassen auf einem Aschenhaufen und schabt sich mit einer Scherbe seine Schwären, mit denen sein Körper über und über bedeckt ist. Mit Aussatz ist er geplagt. Hiob ist in seinem Elend so verzweifelt, dass er sogar den Tag seiner Geburt verflucht. Hören wir, was er selber zum Himmel schreit:

„Ausgelöscht sei der Tag, an dem ich geboren bin, und die Nacht, da man sprach: Ein Knabe kam zur Welt!

Jener Tag soll finster sein, und Gott droben frage nicht nach ihm. Kein Glanz soll über ihm scheinen!

Finsternis und Dunkel sollen ihn überwältigen und düstere Wolken über ihm bleiben, und Verfinsterung am Tage mache ihn schrecklich.

Jene Nacht – das Dunkel nehme sie hinweg, sie soll sich nicht unter den Tagen des Jahres freuen noch in die Zahl der Monde kommen!

Siehe, jene Nacht sei unfruchtbar und kein Jauchzen darin!

Es sollen sie verfluchen, die einen Tag verfluchen können, und die da kundig sind, den Leviatan zu wecken!

Ihre Sterne sollen finster sein in ihrer Dämmerung. Die Nacht hoffe aufs Licht, doch es komme nicht, und sie sehen nicht die Wimpern der Morgenröte. Weil sie nicht verschlossen hat den Leib meiner Mutter und nicht verborgen das Unglück vor meinen Augen.

Warum bin ich nicht gestorben bei meiner Geburt? Warum bin ich nicht umgekommen, als ich aus dem Mutterleib kam?

Warum hat man mich auf den Schoß genommen? Warum bin ich an den Brüsten gesäugt?

Warum gibt Gott das Licht dem Mühseligen und das Leben den betrübten Herzen – die auf den Tod warten, und er kommt nicht, und nach ihm suchen mehr als nach Schätzen.

Denn was ich gefürchtet habe, ist über mich gekommen, und wovor mir graute, hat mich getroffen.

Ich hatte keinen Frieden, keine Rast, keine Ruhe, da kam schon wieder ein Ungemach!" (Hiob 3,1-12. 20-21.25-26).

Die Freunde, die ihn besuchen kommen, müssen verstummen, als sie sehen, wie groß sein Schmerz ist.

Aber Hiob ist nur die Abschattung auf einen noch größeren Schmerzensmann: Jesus Christus.

Mit bewegten Worten dichtet der Liederdichter Adam Thebesius im Jahr 1663:

„Du großer Schmerzensmann, vom Vater so geschlagen,
Herr Jesu, dir sei Dank für alle deine Plagen:
für deine Seelenangst, für deine Band und Not,
für deine Geißelung, für deinen bittern Tod.

Ach, das hat unsre Sünd und Missetat verschuldet,
was du an unsrer Statt, was du für uns erduldet.
Ach, unsre Sünde bringt dich an das Kreuz hinan;
oh unbeflecktes Lamm, was hast du sonst getan?

Dein Kampf ist unser Sieg, dein Tod ist unser Leben;
in deinen Banden ist die Freiheit uns gegeben.
Dein Kreuz ist unser Trost, die Wunden unser Heil,
dein Blut das Lösegeld, der armen Sünder Teil."

Bis in die Tiefen seiner Seele hält Jesus die Schmerzen aus, als ihm die Nägel durch Hände und Füße getrieben werden und die Soldaten ihm die Dornenkrone auf sein Haupt setzen. Mitten in der sengenden Glut hängt Christus am Kreuzesbalken und leidet Durst, bis er dann schließlich ausruft: „Mein Gott, mein Gott, warum hast du mich verlassen?" Und doch steht über allem schrecklichen Geschehen sein Siegesruf: „Es ist vollbracht!"

Wenn ein Mensch Schmerzen erdulden muss, ist nicht nur der Körperteil betroffen, der krank ist, sondern der gesamte Mensch ist leiblich und seelisch zerschlagen. Dann ist unser Innerstes betrübt bis in den Tod.

Von Martin Luther will ich berichten. Er litt gegen Ende seines Lebens unter starken Schmerzen. Nierensteine machten ihm zu schaffen. Er hätte manchmal die Wände hochgehen können. Nichts, aber auch gar nichts half ihm. Er musste verschiedene Tinkturen trinken, darunter auch eine Mixtur aus Knoblauchsaft und Pferdejauche. Dabei schüttelte es ihn vor Ekel. „Kommt mir ja nicht wieder damit! Ich will lieber sterben", wandte er sich gegen diese Medizin. „Ich bin damals genügend gequält worden von den Ärzten. Sie gaben mir zu trinken, als wäre ich ein Ochse. Ich musste ihnen gehorchen, um nicht so auszusehen, als wollte ich meinen Körper vernachlässigen."

Am 18. Februar 1537 hatte er vormittags auf der Kanzel in Schmalkalden gestanden. Noch während seiner Predigt musste er den Gottesdienst abbrechen, weil ihn schreckliche Schmerzen plagten. Verschiedene Ärzte mühten sich um ihn. Er musste erbrechen, und was noch schlimmer war: Er konnte kein Wasser lassen, was ihm höllische Schmerzen bereitete. Auch Medikamente und Hausmittel halfen ihm nicht. Er rechnete schon mit seinem baldigen Heimgang und wollte unbedingt zu Hause sterben. So ließ er sich in einer Kutsche, die ihm der Kurfürst zur Verfügung gestellt hatte, zu Frau und Kindern fahren. Ihm war vor der langen Fahrt bange, denn damals waren die Straßen holprig und hatten viele Schlaglöcher. Gerade aber das wurde ihm zu einer unerwarteten Rettung. Durch das Gerumpel und die Stöße wurden die Nierensteine in eine andere Lage gebracht, so dass der Harnweg frei wurde. Wenn auch nur tröpfchenweise, so konnte der Urin doch abfließen, was ihm Linderung verschaffte. Sein Herz war voller Dank Gott gegenüber. Achtmal hintereinander konnte er Wasser lassen, und vor lauter Freude hat er diese Ausscheidung in einem Krug gesammelt. „Anderen ist dies ganz wertlos, mir aber kostbar", konnte er voller Freude sagen. Sofort teilte er seiner Frau die Freudenbotschaft mit. Auf der weiten Fahrt gingen noch acht Nierensteine ab, einer so groß wie eine Bohne. Luthers freudige Erleichterung, seinen „silbernen Quell", wie er sagte, wiederzuhaben, ist verständlich.

Es gibt aber auch Schmerzen, die sich die Menschen selbst zufügen. Wie viel Jammer entsteht in den Familien durch Hass und Lieblosigkeit, Neid und Eifersucht, Gier und unbeherrschtes Wesen.

Neulich besuchten wir ein uns bekanntes Ehepaar.

Fünfzig Jahre sind die beiden nun verheiratet, aber sie haben kein gutes Wort mehr füreinander. Nur noch Tadel, Nörgeleien und Vorwürfe bestimmen ihr Gespräch. Mir war diese Situation nicht nur peinlich, sondern tat mir weh, denn ich wusste, wie sehr sich dieses Ehepaar früher geliebt hatte. Wie konnte nur ein solch zerstörerisches Element in ihre Beziehung kommen? Als wir uns verabschiedeten, begleitete uns der Hausherr bis an unser Auto, er wollte uns noch ein persönliches Wort sagen. „Weißt du Lotte", gab er mir die Hand, „so ist das immer bei uns. Egal was ich tue, Luise hat immer etwas an mir auszusetzen. Sie ist eifersüchtig und kontrolliert jeden Schritt, den ich tue. Ich kann das Geplärr und das Schimpfen nicht mehr aushalten."

Der Mann hatte gerade seinen letzten Satz gesagt, da stand auch schon seine Frau in der Tür und rief ihm noch zu: „Ich habe alles mitgehört, du solltest aber eines zur Kenntnis nehmen: Wenn ich schimpfe, dann weißt du wenigstens, dass ich noch da bin."

Traurig sind wir nach Hause gefahren. Wie schön könnten es die beiden haben. Sie bewohnen ein wunderschönes Haus. Das Wohnzimmer ist über 40 Quadratmeter groß und schenkt mit seinen vielen Fenstern einen wunderbaren Ausblick auf die Felder und den Wald. Im oberen Stockwerk sind vier Gästezimmer für die Familie ihrer Kinder eingerichtet. Beide beziehen eine gute Rente, und auch ihre Kinder, alle in akademischen Berufen als Beamte tätig, sind bestens versorgt. Zehn fröhliche, intelligente, gesunde Enkel und drei Urenkelchen bevölkern oft das Haus bei regelmäßigen Besuchen. Nach außen ist alles in bester Ordnung, aber innen nagt der Wurm am ehelichen Frieden und zerstört alles. Es fehlt an der Liebe, am Vertrauen, an gegenseitiger Annahme und Achtung.

„So wollen wir nicht leben", sagte ich zu meinem Mann auf der Heimfahrt, „lass uns eng zusammenstehen. Gott möge uns davor bewahren, dass wir wie Katz und Hund miteinander umgehen, uns gegenseitig verletzen und uns Schmerzen zufügen."

Andere Schmerzen hängen mit der Lebensführung unserer Kinder zusammen. Da gibt es das arge Weh, wenn man seine Kinder loslassen muss und sie in die Fremde ziehen. Manche Väter und Mütter werden schwermütig, wenn ihre Kinder aus dem Haus gehen. Es gibt Fälle, bei denen Eltern und Kinder eine Trennung kaum verkraften können.

Ich muss an Julia denken. Sie war das einzige Kind reicher Eltern, die ein gut gehendes Modegeschäft besaßen. Als sie geboren wurde, war das noch eine Riesenüberraschung für die nicht mehr jungen Eltern, denn die Mutter war schon 40 Jahre alt. Wie ein Augapfel wurde die Kleine behütet, denn sie blieb ihr einziges Kind. Das Problem trat ein, als Julia ihr Abitur machte und dann zum Studium nach Marburg zog. Die Eltern hatten ihr ein Appartement gemietet und es wunderschön eingerichtet. Die ersten 14 Tage blieb die Mutter bei der Tochter, und anschließend kam eine Tante, die den Trennungsschmerz leichter machen sollte. Aber nach drei Wochen musste auch die Tante nach Hause. Nun setzte bei Julia das Heimweh ein. Jeden Abend flossen beim Telefonieren die Tränen. Es schien fast so, als müsse Julia ihr Medizinstudium abbrechen und wieder nach Hause fahren. Die Eltern suchten beim Pfarrer Rat, und dieser schlug vor, Julia in einer Familie mit erwachsenen Kindern unterzubringen. Das würde ihr vielleicht das Eingewöhnen leichter machen. So wurden wir gefragt, ob diese Studentin zu uns kommen könnte. Wir nahmen Julia auf, und es ging ihr im Umgang mit unseren fünf Kindern besser. Sie wurde in den Jugendkreis mitgenommen und am Donnerstagabend zum Basketballspiel. Das Heimweh wurde überwunden. In einem Gespräch erzählte mir unsere neue Mitbewohnerin, dass sie noch nie in ihrem Leben ohne ihre Eltern verreist sei und immer im Schlafzimmer der Eltern geschlafen habe.

Wer seine Kinder so fest an sich bindet, muss sich nicht wundern, wenn dann der Trennungsschmerz unüberwindlich scheint. Eine Ausbildung führt die jungen Leute oft in eine andere Stadt. Kinder sind nie unser Eigen, sondern nur anvertrautes Gut für eine gewisse Zeit. Dann aber müssen sie lernen, auf eigenen Füßen zu stehen.

Ich denke auch an den Schmerz, der durch Liebeskummer verursacht wird. Wer kennt den nicht? Ich weiß noch genau, wie wir unserem Sohn nach einer missglückten Beziehung rieten: „Setz dich sofort in den Zug und komm heim!" Die halbe Nacht haben wir dann in einem Gespräch zugebracht, und das schaffte ihm Linderung in seinem Schmerz.

Wie wichtig ist es doch, dass wir unsere Kinder auf ihrem Lebensweg begleiten, ihnen viel Gutes tun und sie umbeten. Das schafft wohltuende Nähe und Geborgenheit in ihren Kümmernissen.

Oder da ist der Schmerz, der in uns aufkommt, wenn unser Werk nicht gelingen will. Ich sollte einmal für einen bedeutenden Menschen, der sich im Reich Gottes und in der Politik große Dienste erworben hatte, seine Lebensgeschichte verfassen. Sechs Wochen lang hatte ich mich mit seiner Biografie beschäftigt und etwa 80 Seiten niedergeschrieben. 20 davon waren schon druckreif. Als dieser Herr dann für längere Zeit nach Kanada fuhr, ließ er mir in einem Brief vor seiner Abreise kurz mitteilen, dass ich meine Arbeit einstellen sollte. Einen Grund dafür gab er nicht an. Auch als ich mich später bemühte, mit ihm darüber zu reden, erschien er nicht am vereinbarten Treffpunkt. Auch auf Post, die ich ihm zukommen ließ, reagierte er nicht. Ich fühlte mich zutiefst verletzt und sah diese sechs Wochen als vergeudete Zeit an. Natürlich habe ich mich gefragt: Warum macht mir das Scheitern einer Aufgabe so viel zu schaffen? Müsste meine Beziehung zu Gott nicht tief genug gegründet sein, damit mich eine solche Verletzung nicht so schrecklich trifft? Sie raubte mir den Nachtschlaf. Wenn ich Gott über alle Dinge lieben und ihm fest vertrauen würde, müsste er völlig meines Herzens Trost und Freude sein. Dann könnte ich auch mit den Enttäuschungen, die mir das Leben nicht erspart, gelassener umgehen.

Ich denke auch an den Schmerz gescheiterter Ehen. „Auf Händen will ich dich tragen", hat einst der Geliebte versprochen; aber dann kann er einer Versuchung während eines Kuraufenthaltes nicht widerstehen und wendet sich einer jüngeren Partnerin zu. Mir sagte einmal ein junger Mann diesbezüglich: „Ich brauche den Kick, die Abwechslung. Ich will ja an meiner Ehe festhalten und bei meinen Kindern bleiben, aber ab und an brauche ich eine Affäre, sonst wird mir das Leben so öd und langweilig." Gerade als ich mich mit dem Thema „Schmerz" beschäftigte, rief eine Mutter bei mir an und sagte zutiefst erschüttert: „Jetzt, da ich gerade das sechste Kind geboren habe, muss ich schmerzlich erfahren, dass mein Mann ein Techtelmechtel mit einer Arbeitskollegin hat. Ich bin verzweifelt. Jeden Morgen holt er sie an ihrem Haus ab und bringt sie dann auch am Abend heim. Dafür hätte ich auch noch Verständnis, aber dass er dann bis 21 Uhr bei ihr bleibt, macht mich rasend vor Wut." Ich habe mit dieser kinderreichen Mutter ein langes Gespräch geführt und ihr Mut gemacht, weiter ihrem Mann eine liebevolle Ehefrau zu sein und ihn zu umwerben. Immer noch sitzt sie am längeren Hebel, denn ihre sechs Kinder verbinden sie miteinander. Außerdem habe ich geraten, gemeinsam an einer Paartherapie teilzunehmen. Ich bete für diese Familie und hoffe, dass die Ehe zu retten ist.

Aber ich will noch einmal auf den körperlichen Schmerz zurückkommen. Wie vielfältig sind seine Auswirkungen. In allen Varianten kann er uns bedrohen. Brennen und Stechen, Bohren und Wühlen, Rasen und Toben, Jucken und Reizen. Er kann jäh aufbrechen und wieder nachlassen, aber auch von dumpf anhaltender Dauer sein. Es bedrückt uns, wenn wir so von starken Schmerzen heimgesucht werden und die Abhängigkeit von unserem Leib spüren. Wir können seine wehtuenden Attacken nicht einfach übergehen, sondern müssen sie ertragen.

Ernst Jünger sagte einmal über den Schmerz:

„Der Schmerz ist völlig achtlos gegenüber unseren Wertrangordnungen. Er fürchtet König und Kaiser nicht. Es gibt keinen Ort auf der weiten Welt, wo der Schmerz nicht hinkommt."

Und der Dichter Wilhelm Busch, der die Dinge recht humorvoll auszudrücken verstand, hat uns einige Zeilen über das Zahnweh geschrieben:

„Und aus ist's mit der Weltgeschichte,
vergessen sind die Kursberichte,
die Steuern und das Einmaleins,
kurz jede Form gewohnten Seins,
die sonst real erscheint und wichtig,
wird plötzlich wesenlos und nichtig.
Ja, selbst die alte Liebe rostet –

*man weiß nicht, was die Butter kostet –
denn einzig in der engen Höhle
des Backenzahnes weilt die Seele."*

Ich erinnere mich, dass ich als junges Mädchen an meinen erfrorenen Zehen schrecklich gelitten habe. Auf der Flucht bei minus 20 Grad und schlechtem Schuhwerk habe ich mir dieses Leiden zugezogen. Gerade die Winterabende waren quälend. Da halfen keine Wechselbäder und Salben. Ich musste das Jucken und den Schmerz ertragen. Später war es mir deshalb ganz wichtig, meinen Kindern wollene Strümpfe und gutes Schuhwerk zu kaufen.

Die medizinische Wissenschaft erforscht, wo der Schmerz entsteht und über welche Bahnen er in unserem Organismus verläuft. Dabei gibt es seltsame Beobachtungen. Ich denke wieder an meine verunglückte Schwester. Ihre Schmerzen haben sie fast in den Wahnsinn getrieben. Da schmerzt sie der große Zeh ganz entsetzlich, obwohl das Bein bereits am Oberschenkel amputiert ist. Die unbegreiflichen Phantomschmerzen können über viele Jahre anhalten und den Menschen furchtbar zusetzen.

Die Welt, in der wir unser Leben bestehen müssen, ist voller Tränen, Schmerzen, Ängste und Todesnot. Erst in der neuen Welt wird es, wie die Offenbarung in Kapitel 21 bezeugt, keine Tränen, keinen Tod, kein Leid, kein Geschrei und keine Schmerzen mehr geben. Denn Gott wird bei uns wohnen, und wir werden in vollkommener Gemeinschaft mit ihm leben. „Siehe, ich mache alles neu", ist seine Zusage. Hier auf unserer Welt begegnet uns die Herausforderung, wie wir im Glauben stark werden und einen guten Kampf kämpfen können. Wir sollten nicht fragen, warum wir so leiden müssen. Gott lässt sich von uns nicht befragen. Geduld und Glaube sind es, die uns Kraft geben, den Schmerz zu ertragen. Nicht wenige Menschen bezeugen, dass sie gerade durch eine erschütternde Lebenssituation zu Gott gefunden haben. Vorher lebten sie sorglos dahin, ohne dass sie auf ihren Schöpfer achteten. Erst durch den Schmerz wurden sie wachgerüttelt.

Aber zu Beginn der Schöpfung waren diese Plagegeister nicht vorhanden. Gott selbst bezeugt, als er seine Schöpfung betrachtet: „Und siehe, es war alles sehr gut." Erst durch den Abfall von Gott sind wir in eine Welt voller Leid geworfen worden. Und doch ist unsere Situation nicht aussichtslos. In prophetischer Schau spricht Jesaja von dem kommenden Gottesknecht.

„Führwahr, er trug unsre Krankheit und lud auf sich unsre Schmerzen. Wir aber hielten ihn für den, der geplagt und von Gott geschlagen und gemartert wäre.

Aber er ist um unsrer Missetat willen verwundet und um unsrer Sünde willen zerschlagen. Die Strafe liegt auf ihm, auf dass wir Frieden hätten. Und durch seine Wunden sind wir geheilt" (Jesaja 53,4-5).

In Christus, dem Gottessohn, dem Gekreuzigten

und Auferstandenen, ist schon auf dieser Erde die neue Welt voller Herrlichkeit zeichenhaft angebrochen, und auch heute sind Wunder möglich. Und wo sie ausbleiben, dürfen wir erleben, dass Gott uns die Kraft schenkt, das Schwere und Unbegreifliche zu tragen, ohne darunter zu zerbrechen.

Die Tragödie im Raumschiff

„Unsere Tränen vermag Gott in Edelsteine zu verwandeln", hörte ich einen Pastor sagen, dessen Gottesdienst im Fernsehen übertragen wurde. Er hatte Menschen in seine Gemeinde eingeladen, die von Gottesoffenbarungen berichteten. Ihre Zeugnisse waren bewegend. So erzählte Evelyn Husband, die Witwe des Kapitäns des Spaceshuttles *Columbia,* Folgendes:

„Mein Lebensinhalt nach dem Tod von Ric bis zu meinem Tod ist es, den Menschen vom Herrn zu erzählen. Das lag Ric sehr am Herzen. Er liebte es, Astronaut zu sein, doch sein Glaube war für ihn und auch für mich das Wichtigste. Er starb am 1. Februar 2003 zusammen mit sechs weiteren Besatzungsmitgliedern. Das Raumschiff explodierte vor der Landung in der Luft.

Wir waren an jenem Morgen in Florida. Meine Kinder und ich warteten auf Rics Rückkehr. Wir standen am Landeplatz, beobachteten die Uhr, deren Zeiger in Richtung 0 ging. Doch die *Columbia* landete nicht. Schon zuvor hatte ich ein mulmiges Gefühl im Bauch, dass etwas Schlimmes passiert sei, weil es ungefähr eine Minute vor der Landezeit einen Überschallknall gab. Ich wusste, dass irgendetwas nicht stimmte, aber ich hoffte so sehr, dass ich mich täuschte. Sofort, als der Countdown bei 0 angekommen war und sich herausstellte, dass etwas passiert war, wurden wir Angehörigen der Crew auf schnellstem Wege vom Landeplatz weg in die Quartiere der Besatzung geführt. Dort sollten wir auf offizielle Information warten. Ohne meinen Glauben hätte ich diese Situation nicht durchgestanden.

Mit dreizehn Jahren bin ich Christ geworden, doch als das Unglück passierte und der Shuttle beim Eintritt in die Erdatmosphäre Feuer fing, explodierte und verglühte, suchte ich meinen Halt in Christus. Es war nicht leicht. Ich trauere noch sehr mit meinen beiden Kindern um Ric. Gott hat uns aber mit so viel Gnade und Treue beschenkt, wie es uns sonst niemand hätte geben können. Ich habe aber noch ein Vermächtnis von meinem Mann. Denn für unvorhergesehene Vorkommnisse gibt es bei der NASA ein Formular für die Besatzungsmitglieder, in dem sie private Instruktionen und ihre Wünsche für die Familie aufschreiben. Ric schrieb darauf in Großbuchstaben: ‚Erzähle den Leuten von Jesus, er ist real für mich.'

Jesus ist seitdem spürbar nahe für mich. Ich habe dafür einen so hohen Preis bezahlen müssen. Es ist etwas, um das ich nie gebeten hätte. Aber der Glaube an Gott und die Nähe, die ich in meiner Beziehung zu ihm spüre, war vor Rics Tod nie so stark gewesen. Vor dieser Zeit gab es immer wieder Tage in meinem geistlichen Leben, in denen ich Gott in Frage stellte. Ich wusste zwar, dass es ihn gibt, aber Zweifel gab es dennoch. Diese Zweifel hatte ich nicht eine Sekunde lang seit seinem Tod. Gott ist so treu. Ich hoffe nicht, dass ich ihm jemals untreu werde. Aber er ist jetzt spürbar in meinem Leben, so voller Liebe. Dafür danke ich ihm."

Es ist ein großes Geheimnis, dass unser Heiland und Erlöser mitten in aller Traurigkeit sich an unsere Seite stellt und unseren Kummer trägt. So verwandelt sich unsere Trauer in eine tiefe, stille, reine Freude. Gott selber sagt: „Ich will euch trösten, wie einen seine Mutter tröstet" (Jesaja 66,13).

Der Prophet Jeremia bekräftigt dies noch und spricht: „Ich will ihr Trauern in Freude verkehren" (Jeremia 31,13).

Auf der anderen Seite kenne ich Freunde und Bekannte, die in fast leichtsinniger Weise in den Tag hineinleben und sich sagen: Mir fehlt nichts, ich habe alles und meistere das Leben aus eigener Kraft. Warum soll ich nach einem Gott suchen, der mir so fern ist. Ich sehe keine Notwendigkeit, meine Hände zu falten und zu rufen: Herr, erbarme dich meiner!

In solch einer Situation kann der Schmerz dazu dienen, dass der Mensch aus seiner Oberflächlichkeit und Sorglosigkeit aufgerüttelt wird, dass er lernt, nach dem Ewigen zu fragen. Doch nicht immer zeigt der Schmerz diese Wirkung. Er kann auch zu einem verstockten und verbitterten Herzen führen. Dann ballt der Mensch seine Faust in der Hosentasche und schwört Gott ab.

Aber ich kenne auch Leidtragende und Schwerkranke, die in dieser Zeit anfangen, nach Gott zu fragen. Meister Ekkart behält Recht in seinem Ausspruch: „Es gibt kein schneller Ross, das zur Vollkommenheit führt, denn Leiden." Nach den Worten des Paulus im Römerbrief sollen wir teilhaben am Leiden und Auferstehen Christi.

Das Geld im Schlamm

Für viele Strafgefangene ist Ernst Burmester eine bekannte Persönlichkeit. Von Beruf ist er Landschaftsgestalter, und zu seinen Aufgaben gehört es, die Parkanlagen in dem Kurort Bad Oeynhausen und Salzuflen in Ordnung zu halten. Für diese Arbeit werden ihm meist junge Strafgefangene zugeteilt, die ihm dabei helfen sollen.

Eines Tages sollte ein Bassin gereinigt werden, das total mit Schlamm verdreckt war. Unwillig machten sich die Burschen an die Arbeit. Es stank schrecklich, und die jungen Kerle mussten in diesem Dreck und Schlamm herumwaten. Außerdem nieselte es vom Himmel. Und doch musste diese Aufgabe erledigt werden. Da verfiel Herr Burmester auf eine kluge, witzige Idee. In einem Kaufhaus wechselte er einen Zwanzigeuroschein in Münzen, die er dann unbemerkt in das Becken warf. Es dauerte gar nicht lange, da entdeckte einer der Strafgefangenen einen Euro. Voller Stolz zeigte er ihn seinen Kameraden: „Wo ein Euro ist, müssen noch mehr zu finden sein", sagten seine Kumpel. Ein fröhliches, eifriges Schaffen setzte ein. So nach und nach wurden alle zwanzig Euro gefunden, und bis zum Abend war das Becken wunderbar gesäubert.

Liebe macht erfinderisch. Die Strafgefangenen hingen an ihrem Einsatzleiter. Ja, sie liebten ihn. Er war zu ihnen wie ein Vater. Oft versorgte er sie mit Kuchen und frischem Obst. Enge Kontakte entstanden, und als sie aus ihrer Haft entlassen wurden, suchten sie seine Nähe und Hilfe.

Herr Burmester erkannte den Auftrag Gottes an diesen jungen Burschen und gründete einen Hausbibelkreis, der immer größer wurde. Inzwischen ist eine wunderschöne missionarische Arbeit an ehemaligen Sträflingen entstanden. Zum Dienst an den Menschen gehört unbedingt Liebe. Im Juni eines jeden Jahres veranstaltet Herr Burmester ein Sommerfest. In seinem großen, gepflegten Garten stellt er ein Zelt auf und lädt die Hauskreise, die rings um Vlotho durch seine Initiative und mit Hilfe des Schwarzen Kreuzes entstanden sind, dazu ein. Auch Freigänger aus den Justizvollzugsanstalten nehmen gerne daran teil. Ein herrliches Torten- und Kuchenbüffet wird aufgebaut, und jede Menge Kaffeekannen stehen auf dem Tisch. Nach dem Festschmaus darf ich dann den Gästen Gottes Wort verkündigen. Christus verließ den Himmel und kam zu uns auf die Erde, damit Menschen seine Heilstaten vernehmen und die Fesseln der Sünde gesprengt werden. Ich versuche, das Evangelium mit frohen Beispielen, aber doch mit vollem Ernst zu verkündigen. Es herrscht im Zelt eine große Stille. Keiner wagt zu rauchen oder sich zu unterhalten. Nach der Botschaft biete ich persönliche Gespräche an. Es ist erstaunlich, dass eine Reihe junger Männer in die Gartenlaube kommen und mir ihre Lebensgeschichte erzählen. Offen reden sie über ihre Vergehen. Dann bete ich noch mit jedem Einzelnen. Gott schenkt Leben, wahres, ewiges Leben und sprengt die Ketten der Gebundenheit. Gewiss, viele müssen dann nach dem Abendessen wieder zurück in ihre Zellen, aber sie gehen mit dem Mut des Glaubens in die Haftanstalten. Zuvor aber wird der Abend noch mit einem Grillfest abgeschlossen. Steaks und Würstchen stehen bereit. Dazu gibt es verschiedene Salate und jede Menge Cola, Saft und Sprudel. Herr Burmester und seine Mitarbeiter lassen sich dieses Fest etwas kosten. Als ich ihn auf die hohen Ausgaben anspreche, winkt er nur ab: „Das sind alles Gaben Gottes, die er mir auch geschenkt hat. Gern und mit Lust gebe ich sie weiter. An unserer Liebe sollen die Menschen ein Stück weit Gottes Liebe erkennen. Da lohnt sich aller Einsatz. Froh sollen sie werden."

Zur Versöhnung bereit

Eine Mutter erzählt:

„Wenn ich an meine Mutter denke, dann steigt mir noch heute die Zornesröte ins Gesicht. Wir waren drei Geschwister zu Hause, zwei Mädchen und ein Junge. Aber geliebt hat sie nur ihren Sohn. David wurde maßlos verwöhnt, brauchte keine schwere Feldarbeit zu verrichten und blieb in der heißen Mittagsglut zu Hause, weil er angeblich die Hitze nicht vertrug. So tummelte er sich mit den Enten und Gänsen im Teich, während wir auf dem Roggenfeld schwitzten und uns abmühten, die Ernte unter Dach und Fach zu bringen. David wurde oft auch mit wertvollen Geschenken bedacht und jedes Jahr immer neu eingekleidet. Wir zwei Mädchen aber trugen die abgelegten Kleider von unserer Cousine. Unser Bruder durfte auch die höhere Schule besuchen, und Mutter meinte uns gegenüber: „Mädchen müssen nicht studieren. Für sie reicht es aus, wenn sie gute Hauswirtschafterinnen werden."

Nach dem frühen Tod unseres Vaters hat Mutter mit unserer Hilfe die Landwirtschaft noch fünf Jahre fortgeführt. Dann aber zog sie sich aufs Altenteil zurück und verteilte das Erbe. Natürlich fiel David der größte Batzen unseres Vermögens zu. Noch heute ist es mir schleierhaft, wie dies möglich war. Wahrscheinlich hat Mutter schon vorher die Sparbücher geplündert und unserem Bruder in die Tasche gesteckt. Bereits im zweiten Jahr seiner Ehe konnte er sich ein wunderschönes Haus bauen. Das hat uns natürlich verwundert. Unseren fast neuen Mercedes hatte er schon gleich nach dem Tod von Vater erhalten mit der Auflage, Mutter immer zum Einkaufen und zu Arztbesuchen zu fahren. Merkte denn unsere Mutter gar nicht, wie ungerecht ihr Verhalten war? Man kann doch nicht einem Kind ein Auto im Wert von 40 000 Euro einfach zuschieben und die anderen leer ausgehen lassen. Über diesem Auto ist es zu einem heftigen Streit mit David gekommen. Daraufhin brach er die Beziehung zu uns Schwestern ab.

Ich fühlte mich von Kindheit an im Haus meiner Eltern zurückgesetzt, und ihr Verhalten hat eine bittere Wurzel in mir aufkeimen lassen. Ich konnte es nicht verstehen, warum Gott meine Mutter so lange am Leben ließ. Erst mit 95 Jahren ist sie gestorben. Wenn ich morgens die Zeitung aufschlug, dann schaute ich zuerst nach den Todesanzeigen. Warum müssen manche Menschen so früh sterben und meine alte Mutter, die 1901 geboren ist, überlebte sie alle? Mein Hass hat mir den Charakter und meine Seele verdorben. Ich wurde mehr und mehr ein missgünstiger, egoistischer Mensch, der anderen ihr Glück neidete. Ich konnte mich schon selbst nicht mehr ausstehen. Am Grab meiner Mutter stand ich nur an ihrem Beerdigungstag. Eine Träne habe ich ihr nicht nachgeweint. Nie mehr habe ich den Friedhof aufgesucht und Blumen auf ihre Grabstätte gestellt.

Hier auf dieser Freizeit mit Ihnen, Frau Bormuth, wurde mir bewusst, dass ich von meinem verderblichen Weg umkehren muss. Ich kann und will nicht mehr mit einem solchen Groll im Herzen weiterleben. Er zerstört auch das Glück in meiner Ehe und Familie. Wie sollen meine Kinder zu lebenstüchtigen, fröhlichen Menschen heranwachsen, wenn sie zu Hause eine Mutter haben, die sich nicht am Leben freuen kann und mit ihrem Missmut eine herzlose Atmosphäre verbreitet? Ich weiß, diese Erkenntnis kommt spät, aber vielleicht doch nicht zu spät. Ich bin bereit, mich von Gott zum Guten verändern zu lassen. Es tut mir sehr Leid, dass ich den Neid auf meinen Bruder ausufern ließ und meine Mutter gehasst habe.

‚Neid ist Eiter in den Gebeinen', so sagt es schon die Bibel, und ich muss ihr Recht geben. Viel zu lange habe ich mich vom Bösen beschlagnahmen lassen, jetzt soll Schluss damit sein."

Lange hatte ich Frau Holzweger (der Name ist geändert) zugehört. Nun aber war ich an der Reihe, ein Wort zu sagen: „Aufs Erste beglückwünsche ich Sie zu diesem Entschluss. Das ist das Beste, das Sie tun können. Vielleicht kann es sogar zu einer Aussöhnung mit Ihrem Bruder kommen. ‚Hass erregt Hader; aber Liebe deckt alle Übertretungen zu.' So steht es in Sprüche 10,12. Sie sind jetzt an der Reihe, Ihren Hass und Ihre Verbitterung unter dem Kreuz Christi niederzulegen. Einem Menschen, der seine Schuld bereut, wird der Herr vergeben. Sie dürfen wieder tief durchatmen. Der Herr Jesus möge Ihnen auch Gnade schenken, dass Sie für Ihre Mutter in Zukunft gute Gedanken hegen können. Vielleicht entdecken Sie auch die Gründe, warum Ihre Mutter David so zugetan ist. Ich weiß nicht, ob es Ihnen gelingt, sie zu lieben, aber bitte bedenken Sie, dass Ihre Mutter Ihnen das Leben geschenkt hat. Dafür sollten Sie sie ehren. Gott möge Ihnen auf dem neuen Weg beistehen und Ihnen helfen. Er wird es gewiss tun.

Jetzt möchte ich noch mit Ihnen beten:

Herr Jesus Christus, ich danke dir, dass Frau Holzweger dich kennt und mit dir leben will. Du hast in ihr die Veränderung bewirkt. Sie bereut ihre Sünde und ist zum Guten bereit. Hab Dank, dass du dem Hass und der Bitterkeit wehrst und ihr alle Schuld vergibst. Schenke du Gedanken des Friedens. Amen."

Wenn Friede mit Gott ...

*"Wenn Friede mit Gott meine Seele durchdringt,
ob Stürme auch drohen von fern,
mein Herze im Glauben doch allezeit singt:
Mir ist wohl, mir ist wohl in dem Herrn!*

*Wenn Satan mir nachstellt und bange mich macht,
so leuchtet dies Wort mir als Stern:
Mein Jesus hat alles für mich schon vollbracht;
ich bin rein durch das Blut meines Herrn.*

*Die Last meiner Sünde trug Jesus, das Lamm,
und warf sie weit weg in die Fern;
er starb ja für mich auch am blutigen Stamm;
meine Seele, lobpreise den Herrn!*

*Nun leb ich in Christus, für Christus allein;
sein Wort ist mein leitender Stern.
In ihm hab ich Fried und Erlösung von Pein,
meine Seele ist selig im Herrn."*

Dies ist mein Lieblingslied. Von meiner Großmutter habe ich es als Kind gelernt und es oft mit ihr gesungen. Sie hatte eine wunderbare, kräftige Altstimme. An meine Großmutter wurde ich besonders erinnert, als vor ein paar Jahren in der Ostsee ein schreckliches Unglück geschah und dabei über 800 Menschen auf dem Fährschiff „*Estonia*" den Tod fanden. Bei der Trauerfeier, die auf hoher See stattfand, wurde dieses Lied gesungen. Ich wunderte mich darüber und konnte das erst recht verstehen, als ich erfuhr, wie es zu dieser Liedschöpfung gekommen ist.

Horatio G. Spafford (1828–1888), ein Professor für medizinische Rechtswissenschaft an einer amerikanischen Universität, hat es gedichtet. Er war bekannt durch sein tatkräftiges Wirken für Christus. Ein schwerer Schicksalsschlag hatte ihn getroffen, und mit diesem Lied schrieb er sich seinen Schmerz von der Seele. Das französische Schiff „*Ville de Havre*" befand sich auf der Rückreise von Amerika nach Frankreich. Seine Frau und seine drei Kinder waren an Bord. Mitten auf hoher See stieß der Ozeandampfer mit einem Segelschiff zusammen und versank innerhalb einer halben Stunde in den Fluten des Meeres. Nur wenige Menschen konnten gerettet werden. Frau Spafford holte schnell ihre drei Kinder aus der Kajüte und brachte sie an Deck. Als sie erfuhr, dass das Schiff wohl bald sinken würde, kniete sie mit ihren Lieblingen auf den Planken nieder und betete zu Gott: „Wenn es möglich ist, lieber Herr, dann rette uns. Solltest du es aber anders beschlossen haben, dann mach uns zum Sterben bereit. Amen." Kurz danach sank das Schiff und mit ihm auch die Mutter mit ihren drei Kindern. Ein Matrose ruderte genau an der Stelle, wo das Schiff versunken war, vorbei und entdeckte Frau Spafford, wie sie mit den Wellen kämpfte. Er konnte sie retten.

Als die Überlebende nach zehn Tagen Cardiff erreichte, telegrafierte Frau Spafford ihrem Mann: „Allein gerettet."

Der Professor fuhr sofort nach England und holte seine Frau nach Chicago zurück. Später ließ Spafford das Telegramm seiner Frau einrahmen und hängte es in seiner Studierstube auf. In dieser großen Not gewannen die Eheleute Kraft, sich dem Willen Gottes zu fügen. Das Leid über den Verlust ihrer drei Lieblinge hat sie nicht bitter werden lassen, sondern hat sie näher zu Gott gebracht. Zur Erinnerung an den Tod seiner drei Kinder schrieb dann Spafford das Lied vom Frieden mit Gott. Es ging um die Welt, und noch heute werden Menschen, die von schweren Schicksalsschlägen getroffen sind, damit getröstet.

Der Geiger – eine wahre Geschichte

Es war eine schrecklich blutige Schlacht im Zweiten Weltkrieg. Deutsche Truppen befanden sich auf dem Rückzug. Überall lagen Tote und Verwundete. Wann würde endlich das Morden ein Ende nehmen? Einsatzbereite, tapfere Sanitäter und Ärzte bemühten sich, die Verletzten zu bergen. So kam auch ein junger Soldat in die Obhut der Lebensretter. Sie brachten ihn ins Feldlazarett, versorgten seinen zerschossenen Arm notdürftig und ordneten an, dass er mit einem Flugzeug in ein größeres Krankenhaus geflogen würde. Eine Kugel hatte seinen Ellenbogen getroffen und ihn zerfetzt. Dabei hatte er entsetzlich viel Blut verloren. Aber nun war ja Hilfe da, und der Soldat fasste Mut. Sicher würden die Ärzte seinen Arm wieder zusammenflicken können; denn von Beruf war er Geiger und liebte das Saitenspiel. Schon mit fünf Jahren hatten ihn seine Eltern zu einer Geigenlehrerin gebracht, und diese entdeckte seine hohe Begabung. Sie förderte sein Talent, und er war willig, tüchtig zu üben. So wurde er Geiger in einem Symphonieorchester. Oft trat er auch als Solist auf, und sein Name füllte die Konzerthallen.

Die Verwundung hatte ihn nun schwer getroffen, aber er würde alles dransetzen, um seine Finger wieder beweglich zu machen, ja, er träumte davon, wie zu seinen besten Zeiten Geigenvirtuose sein zu können.

Hoffnung brach in ihm auf und half ihm, alle Qualen und Schmerzen durchzustehen. Aber noch blickten die Ärzte sorgenvoll drein, wenn er sie fragte: „Nicht wahr, Herr Doktor, ich werde doch wieder Geige spielen können?" Die Mediziner versuchten alles, um die Entzündung zu stoppen; aber am fünften Tag mussten sie sich zu einer Amputation entschließen. Sein rechter Arm war nicht mehr zu retten.

In einem Einzelzimmer wachte er nach der Operation auf. Er stöhnte laut auf, als er an seiner rechten Seite hinunterschaute: „Was ist von mir noch übrig geblieben?" Zu den Schmerzen der Operation kam nun noch die Qual der Anfechtung. Total verzweifelt lag er in seinem Bett und wimmerte vor sich hin: „Es ist aus, alles ist aus! Nie mehr werde ich meine Geige in die Hand nehmen können." Das Leben kam ihm sinnlos vor. Tagelang war er am Boden zerstört. Dann erreichte ihn ein Feldpostbrief seiner Mutter, die über die Verwundung informiert worden war. „Junge", schrieb sie ihm, „die Musik in deinem Inneren kann dir kein Mensch nehmen. Du bleibst Musiker, auch wenn du das Geigenspiel aufgeben musst. Die Gabe, die dir von Gott in die Wiege gelegt worden ist, kann dir niemand nehmen."

Er las diese Worte und dachte ihnen nach. „Ja, so ist Mutter! Sie gibt nie auf." Neuer Mut keimte in ihm auf. Als es ihm etwas besser ging, bat er eine Krankenschwester, sie solle ihm leere Notenblätter bringen. Erst zaghaft, dann aber voll innerem Drang begann er, die Seiten zu füllen, und brachte wunderschöne Kompositionen zustande.

Seine Mutter hatte Recht gehabt, als sie ihm geschrieben hat: „Dir ist viel genommen, aber Gott kann dir Größeres geben. Er füllt des Lebens Mangel aus."

Dass seine Heilung zum Erstaunen der Ärzte gut vonstatten ging, muss nicht unbedingt erwähnt werden. Mit seinen Kompositionen aber wurde er weltberühmt.

Du sollst Prediger werden

Vor einigen Wochen hörte ich, wie ein berühmter Mann Gottes aus seinem Leben erzählte. Ich war tief bewegt von Gottes wunderbarer Führung:

Robert Schuller war noch Schulkind, als seine Mutter von einem Verwandten Besuch bekam. Dieser war stark von dem zart empfindenden und innerlichen Jungen beeindruckt, legte die Hand auf sein Köpfchen und sprach ihm die Worte zu: „Du sollst einmal Bote Jesu Christi werden!" Diese Segnung von seinem Onkel hat er nie mehr vergessen können. Manchmal erinnerte er sich stärker daran, manchmal trat sie auch für längere Zeit in den Hintergrund.

Der kleine Robert, der ja in einer christlichen Umgebung aufwuchs, hörte schon früh die biblischen Geschichten. Morgens sang die Familie zum Frühstück einen Choral und betrachtete einen Abschnitt aus der Bibel. Abends, wenn die Mutter das Kind zu Bett brachte, sprach sie mit ihm das Nachtgebet und drückte ihm einen Kuss auf die Stirn. Am Sonntag bildete der Gottesdienst den Mittelpunkt des Familienlebens. Nie mehr hat Schuller seine persönliche Hinwendung zu Gott vergessen, und als er erwachsen war, berief ihn der Herr in seinen vollzeitlichen Dienst. Er ging zu seinen Eltern und bat sie: „Ich will ein Bote Jesu Christi werden und das Evangelium verkündigen. Bitte gebt mir euren Segen."

Der Vater war sichtlich bewegt, schwieg eine Weile und ließ dann seinen Tränen freien Lauf: „Mein Sohn", legte er ihm die Hand auf die Schulter, „dies ist ein bedeutender Augenblick für mich, und ich weiß jetzt, Gott erhört mein Gebet. Als ich zum Glauben an Christus gekommen war, wollte ich auch Prediger werden. Aber dies wurde mir verwehrt. Meine Familie geriet in schreckliche Not. Früh starb mein Vater, und die finanzielle Lage wurde für uns bedrohlich. Ich musste nun mithelfen, die Familie zu ernähren. An eine Ausbildung zum Theologen war nicht mehr zu denken. Schweren Herzens musste ich meinen Wunsch, Prediger zu werden, aufgeben. Aber ich betete zu Gott, er möge mir doch einen Sohn schenken, der ein Zeuge Jesu Christi sein kann. Dies war mir ein inniges Anliegen. Nie habe ich mit dir darüber gesprochen, damit du nicht innerlich unter Druck gerätst. Nun aber hat Gott mein Gebet erhört. Du, mein lieber Sohn Robert, wirst ein theologisches Seminar besuchen und Evangelist werden. Dies ist ein glücklicher Tag für mich."

Tränen der Freude liefen dem Vater über die Wangen.

Als dann Robert nach seinem Theologiestudium zum Predigtamt eingesegnet wurde, war auch der Vater anwesend. Er ging schon an Krücken und litt unter heftigen Schmerzen einer fortgeschrittenen Arthrose. Doch im Inneren war er voller Glück und Freude. Wie eng hat dieses göttliche Erleben Vater und Sohn zusammengeschmiedet. Noch heute, da Dr. Robert Schuller fast 80 Jahre alt ist, denkt er in großer Dankbarkeit und Verehrung an seinen Vater. In Kalifornien hat er eine blühende Gemeinde gegründet, zu deren Gottesdiensten am Sonntag viele tausend Besucher kommen. Außerdem wird der Gottesdienst in alle Welt übertragen und erreicht eine Hörerschaft in Millionenhöhe. Auch in Deutschland so gegen 8 Uhr früh ist Dr. Schuller auf dem Sender VOX zu hören.

Sammy soll wieder fröhlich werden

Wer Sammy kannte, hatte seine wahre Freude an ihm. Gewiss, von Gestalt war er etwas klein geraten, und seine Nickelbrille trug nicht gerade dazu bei, sein Gesicht schön erscheinen zu lassen. Zudem bedeckten Sommersprossen Stirn, Nase und Wangen. So hätte man in ihm einen kleinen Lausbuben erkennen können. Was ihn so liebenswert machte, waren seine strahlenden Augen und sein fröhliches Lachen. Schon bei der Geburt hatte der Großvater stolz verkündigt: „Noch nie habe ich so leuchtende Augen gesehen. Sie glänzen wie kostbare Perlen. Dies ist der schönste Junge, den es auf der Welt gibt, und ich bin sein Großvater. Das macht mich glücklich."

Im Kreis von zwei älteren Schwestern wuchs Sammy auf, und dabei hatte er früh gelernt, sich durchzusetzen und nicht als der „little boy" abgetan zu werden. Er wusste sehr gut, seinen Platz zu behaupten und ihn im Notfall auch zu verteidigen. Rotzfrech konnte er von seinen Schwestern erzwingen, dass sie ihn zur Kirmes oder zum Stadtfest mitnahmen. Er konnte kämpfen, setzte auch meist seinen Willen durch, war gewitzt und schlagfertig. In seiner Klasse war er, was die Leistungen betraf, die Nummer 1. Nur im Fach Kunst musste er sich mit der Note ausreichend zufrieden geben. Zum Malen hatte er einfach keine Lust. Dafür aber war er im Rechnen und Aufsatzschreiben der Beste. Seine Lehrer rieten den Eltern, dieser hoch begabte Junge solle eine Klasse überspringen. Aber das wollte er partout nicht. Seine Freunde waren ihm so sehr wichtig. Von ihnen wollte er nicht getrennt werden.

Fußball war seine Leidenschaft, und er wurde meist auf der Position des Mittelstürmers eingesetzt. Oft ging er noch abends mit seinem Vater aufs Spielfeld und drosch das runde Leder ins Tor.

Aber Sammy hatte noch ein anderes Hobby. Er sammelte Briefmarken und tauschte mit seinem Vater seltene Exemplare, die er dann in sein Album klebte. Seite um Seite füllte er mit wertvollen Marken.

Zu seinem Vater entwickelte er ein besonders herzliches Verhältnis. Vieles verband ihn mit ihm. Als er noch ein kleiner Junge war, saß sein Vater abends gerne an seinem Bettrand und erzählte ihm Geschichten vom Fuchs Feuerschwanz. Spannend und aufregend zugleich waren die Abenteuer des cleveren Waldtieres. „Papa, schreib doch die Geschichten auf", bettelte Sammy. „Ich finde sie einfach spitze! Später will ich sie mal meinen Kindern erzählen." Aber dazu fand der Vater nie Zeit. Als Geschäftsführer eines renommierten Autohauses war sein Tag recht ausgefüllt.

Die Mutter war tagsüber auch nicht zu Hause. Sie arbeitete als Krankenschwester in einer Klinik. Im Gegensatz zum Vater nahm sie sich auch nicht so viel Zeit für ihren Jungen. Hatte sie einen freien Tag oder brauchte sie am Wochenende nicht zu arbeiten, dann lud sie sich oft Freundinnen ein, und die Damen aßen Sahnetörtchen und tranken Cappuccino. Sammy fand diese Kaffeekränzchen schrecklich. Wie konnten nur diese „Weiber" seiner Mutter die Zeit stehlen? Es fiel ihm überhaupt schwer, zu seiner Mutter eine gute Beziehung aufzubauen. Ihre zänkische Art ärgerte ihn, und er konnte nicht begreifen, dass sie oft in einem Anflug von Hysterie seinen lieben Vati ausschimpfte. Manchmal war der Grund nur ein Stück Butter, das Vater beim Einkauf vergessen hatte. Mutter konnte auch toben und sich maßlos aufregen, wenn Papa in seinem Autohaus mal über die gewohnte Zeit hinaus arbeiten musste. Dann lamentierte sie: „Klaus, für die Firma schuftest du dich noch zu Tode, aber mein Fahrrad steht immer noch mit einem Platten in der Garage."

An manchen Tagen wollten die Auseinandersetzungen kein Ende nehmen: „Wann waren wir zum letzten Mal im Kino?", warf sie ihrem Mann vor. „Das liegt mindestens ein halbes Jahr zurück. Du nimmst dir überhaupt keine Zeit für mich. Immer heißt es bei dir: die Firma! Die Firma!" Mutter konnte sich schrecklich aufregen, schmollte, heulte, war zickig, schrie laut, verfiel schließlich in ein Schweigen und redete mit Vater kein Wort mehr. Solche Situationen waren für Sammy kaum auszuhalten. Er liebte seinen Vater und begriff nicht, warum Mutter so auf ihm herumhackte und ihn dazu mit solch frostigem Schweigen bestrafte. Bedrückend, ja gemein empfand er Mutters Verhalten. Die Atmosphäre im Hause kühlte sich merklich ab.

Seine Schwestern Nicole und Christine gingen schon ihre eigenen Wege. Sie hatten beide einen Freund; er aber musste sich die Streitereien zu Hause anhören. Das Ehepaar lebte sich immer mehr auseinander. An einem Sonntagmorgen schrie Mutter los: „Nimm endlich deine Sachen und hau ab! Such dir eine andere Wohnung! Ich lasse mich scheiden. Aber das Sorgerecht für die Kinder steht mir zu. Ich war schon bei einem Anwalt."

Nun war die Trennung ausgesprochen. Sie ließ sich nicht mehr aufhalten. Schon länger hatte Vater bemerkt, dass die Telefonkosten extrem hoch waren. Als er die Rechnung überprüfte, tauchte immer die gleiche Nummer auf. Er forschte nach und musste feststellen, dass seine Frau sich einen jungen Arzt an Land gezogen hatte. An ihren freien Tagen und an den Wochenenden teilte sie ihre Zeit mit dem neuen Liebhaber und vergnügte sich mit ihm.

Für Sammy brach eine Welt zusammen, als Vater in der Stadt ein Zweizimmerappartement bezog. Er hatte noch versucht, die Ehe zu retten, und war auch bereit, seiner Frau alles zu verzeihen, aber seine Frau ließ nicht mehr mit sich reden.

„Papi, Papi, geh nicht fort", klammerte sich der Junge an seinen Arm.

„Sammy, ich bleibe doch in deiner Nähe und im Urlaub und an den Wochenenden hole ich dich zu mir."

Aber das war für Sammy kein Trost. Besonders die Abende wurden für den kleinen Kerl öde und frostig. Es war kein Papi an seiner Seite. Oft verkroch sich der Junge in seinem Zimmer und hing trüben Gedanken nach. Der Fußball blieb in der Ecke liegen, und die Briefmarken wurden nicht mehr ordentlich in das Album geklebt, sondern einfach in die Schublade geworfen. Sammy war die Lust am Leben vergangen. Ohne seinen Papi war ihm zumute, als würde die Sonne nicht mehr scheinen. Schlafstörungen traten auf, und in der Schule ließen seine Leistungen merklich nach. Sammy wurde unkonzentriert und kam auch öfter ohne Schulaufgaben in den Unterricht. Einmal hatte er sogar seinen Ranzen vergessen. Manchmal fehlte die Hälfte der Rechenaufgaben. Er schrieb schlechte Klassenarbeiten. Die Lehrer wunderten sich über seine Lustlosigkeit und verstanden seinen Leistungsabfall nicht. Erst ein Gespräch mit der Mutter brachte die Not und den Trennungsschmerz des Schülers zutage.

Als dann noch eines Abends der neue Freund der Mutter auftauchte und sogar in Vaters Bett schlief, war Sammy entsetzt. Fortan weigerte er sich, etwas zu essen. Eine Katastrophe bahnte sich an, und deshalb wurde ein Psychiater zu Rate gezogen. Dieser untersuchte den Jungen, sprach mit den Eltern und riet ihnen, den Sohn in die Obhut einer Klinik zu geben. Mit Essstörungen ließe sich nicht spaßen.

Es war die Großmutter, die mir in einem langen

Gespräch Sammys Geschichte erzählt hatte. Sie wollte ihr Herz bei mir ausschütten; denn sie litt mit ihrem Enkelsohn. Heulend ging sie jede Nacht zu Bett und musste das Kissen von einer Seite auf die andere drehen. Wie konnte sie nur ihrem geliebten Sammy beistehen? Ich riet ihr, den Kontakt zu Sammy zu halten, ja, ihn noch zu intensivieren, ihm Briefe zu schreiben und ihn zu besuchen. Wichtig aber sei vor allen Dingen das Gebet für ihren Enkelsohn.

„Ja, das werde ich tun", versicherte mir die alte Dame, „ich bin ja noch nicht lange Christ, aber ich weiß um die Macht des Gebetes. Ich möchte meinem Enkel auch gerne eine Kinderbibel schenken. Der Junge hat keine Ahnung, wer Jesus ist. Ich werde zu ihm in die Klinik fahren und ihn mit der Bibel beglücken. In dieser Tragödie, die sich in Sammys Leben abspielt, kann nur Gott helfen."

„Ja, so ist es", pflichtete ich ihr bei, „und ich werde mich Ihrem Beten anschließen. Jesus ist der beste Kinderfreund. Er legte seine Hand auf die Kleinen, herzte sie und segnete sie. So wird es uns in der Bibel berichtet."

Seitdem steht Sammys Name auf meinem Fürbittezettel.

Die Engel haben mich bewahrt

Frau Seidel berichtet:

Als ich im Radio von der schrecklichen Zerstörung Dresdens in der Nacht vom 13. auf den 14. Februar 1945 hörte, zitterten mir meine Glieder, und das Herz schlug mir bis zum Hals. Am Morgen war ich noch in meiner Wohnung in Dresden gewesen, hatte dann aber beschlossen, zu meinen alten Eltern zu fahren, um mich um sie zu kümmern. Meine Mutter hatte gerade einen Schenkelhalsbruch erlitten. Welch eine Bewahrung vor dem Inferno habe ich dadurch erlebt. Die Briten und Amerikaner hatten mit ihren Phosphorbomben alles in Brand gesteckt. Nur Schutt und Asche blieben von Elbflorenz, wie Dresden wegen seiner Schönheit genannt wurde, übrig. Leichen über Leichen lagen in den Trümmern oder trieben auf der Elbe. Sie konnten nur in Massengräbern beigesetzt werden, und als immer mehr Tote aus den Ruinen geborgen wurden, verbrannte man die Leichen, um der Seuchengefahr zu wehren. Die Eheringe hatte man den Toten vom Finger abgezogen und fünf Eimer voll gesammelt. Die Stadt brannte noch lange, und danach ragten die Ruinen rauchgeschwärzt in den Himmel. Dresden war ein Ort des Grauens geworden. Zu Tausenden waren die Flüchtlinge aus den Ostgebieten in Zügen hierher verschlagen worden und mussten nun in ihren Waggons einen schrecklichen Tod erleiden.

Es waren vor allen Dingen alte Menschen, Frauen und Kinder, die Opfer der Flammen geworden waren. Die Männer kämpften ja an der Front.

Noch heute bin ich sehr bewegt, wenn ich daran denke, dass ich der Todesstadt entkommen bin. Ein Engel muss mich an die Hand genommen und mich nur wenige Stunden vor dem schrecklichen Geschehen aus dem brennenden Chaos geführt haben. So ist der 13. Februar 1945 für mich immer ein besonderer Gedenktag. Da wurde mir mein Leben noch einmal geschenkt. Verse aus Palm 91 sind mir zu einem Schlüsselwort geworden:

„Denn der Herr ist deine Zuversicht; der Höchste ist deine Zuflucht.

Es wird dir kein Übel begegnen, und keine Plage wird zu deiner Hütte sich nahen.

Denn er hat seinen Engeln befohlen über dir, dass sie dich behüten auf allen deinen Wegen, dass sie dich auf den Händen tragen und du deinen Fuß nicht an einen Stein stoßest" (Psalm 91,9-12).

Mein Mann kämpfte an der Westfront, und ich hatte lange keine Nachricht von ihm erhalten. Gegen Ende des Krieges herrschte überall ein entsetzliches Durcheinander. Ich hatte in meinem Gepäck ein kleines Radio zu meinen Eltern mitgenommen. Es war ein Geschenk meines Mannes und mir deshalb besonders wertvoll. Mein Vater war am politischen Weltgeschehen interessiert und hörte jeden Abend verbotenerweise den englischen Sender. Mich überfiel die Angst: „Vater, du bringst uns noch alle ins KZ. Hör auf, die feindlichen Nachrichten zu hören. Das Radiogerät gehört mir, und ich muss dann dafür büßen. Ich will nicht nach Auschwitz."

Wütend warf Vater mir das Radio vor die Füße und stieß nur ein einziges Wort aus: „Geh!" In seinem Jähzorn wusste er nicht, was er tat. Aber wohin sollte ich gehen? Mein Zuhause war zerstört, und nun hatte mich mein Vater auch noch aus dem Nest geworfen.

Die Russen kamen mit ihren Panzern immer näher. Die Lage war bedrohlich. Bald würden sie auch vor den Toren unseres Dorfes stehen.

Ich suchte bei einem Bauern Zuflucht und arbeitete als Magd. Von meinem Mann hatte ich noch immer keine Post erhalten. Ich war in großer Sorge um ihn, und auf meine Seele legte sich eine schwere Last. Wie würde es weitergehen? Das Kriegsgeschehen rückte näher, und wir wurden in einer Nacht von sowjetischem Militär besetzt. Ich war verzweifelt, als ich hörte, mein Neffe sei in amerikanische Gefangenschaft gekommen und dann in Erfurt doch noch den Russen übergeben worden. Diese Nachricht schien zu stimmen; denn wir erhielten Wochen später von ihm einen Brief aus Russland. Würde meinem Mann das gleiche Schicksal drohen? Ich hatte noch immer gehofft, er käme zu den Amerikanern. Diese seien in der Behandlung ihrer Gefangenen humaner als die Sowjets. Jedenfalls wurde dies behauptet. In mir brach alle Hoffnung zusammen. Ich wusste nicht ein noch aus. Würde ich meinen Mann je wieder sehen?

In dem Dorf, in dem ich nun bei einem Landwirt Unterkunft und Arbeit gefunden hatte, wurde in der Landeskirchlichen Gemeinschaft eine Evangelisation abgehalten. Der Bauer lud mich dazu ein, und ich ging gerne mit ihm. Mein Herz war so verwundet, und ich brauchte Trost, göttlichen Trost. Ich nahm das Wort von Gott auf wie ein trockener Schwamm das Wasser. Jesus redete zu mir, und ich vernahm den Ruf in seine Nachfolge. Ein heftiger Kampf tobte in mir, aber die Macht Jesu war stärker. Sein Leben hat er am Kreuz für mich geopfert und mir alle Sünden vergeben. Ich war eingeladen, bei Jesus ein neues Zuhause zu finden. Mir war klar, ich dürfte mich nicht länger dieser herzlichen Liebe verweigern. So bat ich den Evangelisten um ein Gespräch. Ich erzählte ihm auch, dass ich mich mit meinem Vater wegen des Radios gestritten und er mich aus dem Hause gejagt hatte. Er riet mir: „Gehen Sie zu Ihrem Vater, suchen Sie das Gespräch und söhnen Sie sich mit ihm aus."

Für mich wurde dieser Tag der schönste in meinem Leben. Ich nahm Christus als meinen Erlöser an und durfte die Gnade erfahren, Gottes Kind zu werden. Ich befolgte auch den Rat des Pfarrers und reiste sofort nach Hause. Als Vater mir die Tür öffnete, stammelte ich: „Vater, vergib mir!" Er umarmte mich. „Kind, ich bin doch auch an dir schuldig geworden. Vergib du mir auch." Mir liefen die Tränen über die Wangen, und auch mein Vater musste sich das Nass aus den Augen wischen. Freude zog in mein Herz ein.

Ein Strauß herrlicher Gerbera

Es war auf dem Hauptbahnhof in Hannover. Eine halbe Stunde Wartezeit lag vor mir, bis mich mein Zug nach Marburg bringen sollte. Plötzlich hörte ich herrliches Gitarrenspiel und Gesang. Ich horchte auf und folgte dem Klang. Ein junges Mädchen stand in der Unterführung und erfreute die Reisenden mit ihrer Musik. Auf einem Teller neben ihr lagen einige Münzen. *Sie muss wohl Christin sein*, dachte ich; denn sie sang geistliche Songs des Liedermachers Manfred Siebald. Mich zog es zu dieser jungen Frau hin, und so mühte ich mich mit meiner Gepäckkarre bis zu ihr. Ich trat auf sie zu, sagte „Danke" und legte einen herrlichen Strauß Gerbera auf das graue Pflaster. Die Musikerin schaute mich dankbar an. Ihre Augen glänzten, und ich rief ihr noch zu: „Der Glaube an Jesus Christus verbindet uns." Sie nickte, und ein Lächeln flog über ihr Gesicht. In der Hektik eines Freitagnachmittags blieben Menschen stehen und lauschten ihren christlichen Liedern. Wohlklingend war ihr Gesang. Ich winkte ihr noch zu: „Gott segne Sie! Sie bringen den Menschen das Gotteslob. Ich bewundere Ihren Mut."

Mit meinem Gepäckwagen fuhr ich weiter bis zum Bahnsteig 8. Ist es nicht wunderbar, wenn im Getriebe eines hektischen Wochenendes der göttliche Klang Menschenherzen erfreut? Das ist missionarisches Handeln, tapfer und mutig.

Kartoffeln, Kartoffeln!

„Das war ein besonderes Erntejahr", erzählte mir Frau Dilgner. „Mit einem solch reichen Ertrag hätten wir nie und nimmer gerechnet. Lastwagen um Lastwaren mit herrlichen Kartoffeln rollte auf unseren Hof. Aber das brachte uns auch in eine Zwickmühle. Durch die hervorragende Ernte bekamen wir Absatzschwierigkeiten. Der Großhändler drückte die Preise derartig, dass sich der Verkauf fast nicht mehr lohnte. Nur einen Euro wollte er für einen Zentner Kartoffeln zahlen. Hinzu kam, dass wir die Kartoffeln noch 80 Kilometer weit zu ihm ins Lager hätten fahren müssen. Bei den hohen Benzinpreisen war der Aufwand höher als der Gewinn. Mein Sohn, der nach dem plötzlichen Tod meines Mannes den Hof übernommen hatte, wusste nicht, wie er handeln sollte. Am liebsten würde er den Roder gar nicht mehr auf dem Acker einsetzen und die Kartoffeln lieber in der Erde stecken lassen. Aber das brachte er nicht übers Herz. Wie könnte er gute Erntegaben im Boden verfaulen lassen, wenn in der Welt Menschen hungerten? Deshalb entschloss er sich, die Ernte doch einzubringen. Nun standen zwei große Anhänger auf dem Hof und warteten darauf, ans Vieh verfüttert zu werden. Der Anblick machte uns das Herz schwer. Lohnte sich eigentlich noch die Schinderei auf den Feldern, wenn die Verkaufspreise dermaßen in den Keller sanken? Es ging uns ja nicht allein so, sondern viele Landwirte stöhnten über die augenblickliche Situation auf dem Agrarmarkt. Ich selber war auch maßlos bekümmert, wenn ich sehen musste, wie niedergeschlagen mein Sohn über den Hof ging. Es war zum Verzweifeln. ‚Nun schenkt uns Gott einen solch reichen Erntesegen, und wir erzielen keinen Gewinn'. Ich weiß keinen Ausweg aus der Misere", stöhnte die Gutsbesitzerin.

Lange hörte ich ihr zu. „Frau Dilgner, lassen Sie sich das Vertrauen zu Ihrem Herrn nicht nehmen. Er ist immer noch Gott, und er bleibt auch Gott. Er kann sich Ihrer Notlage erbarmen und einen Ausweg schaffen. Ich denke, wir sollten beten und unseren Gott um Hilfe anrufen."

„Ja, darum bitte ich."

So sprach ich betend in den Hörer: „Vater im Himmel, aufs Erste will ich dir danken für Sonnenschein und Regen, für die Bewahrung auf den Feldern vor Hagel und anderen Unwettern. Du hast den Acker fruchtbar gemacht, so dass die Bauern eine reiche Ernte einfahren können. Schenk doch nun bitte auch eine gute Möglichkeit zum Verkauf. Du weißt, wie dringend notwendig es ist, dass ein guter Ertrag erwirtschaftet wird und die Landwirte für ihre Arbeit einen gerechten Lohn empfangen. Sie sollen nicht den Eindruck gewinnen, dass ihr Tun vergeblich sei. Ich will dich, lieber Herr, mit dem Vertrauen ehren und bin gespannt, wie du handeln wirst. Amen."

Wie Gott mein Gebet erhört hat, habe ich kurze

Zeit später in einem Anruf erfahren. „Frau Bormuth, Sie müssen wirklich einen heißen Draht zum Vater im Himmel haben. Stellen Sie sich vor, was sich bei uns auf dem Gut ereignet hat. Am Morgen haben Sie für uns gebetet, und schon gegen Mittag fuhr ein Mercedes auf unseren Hof. Ein Herr stieg aus und fragte meinen Sohn, ob er denn Kartoffeln verkaufe, und was sie kosten sollen.

‚Fünf Euro', war seine Antwort. Mein Sohn füllte ihm drei Säcke voll, der Herr bezahlte, und bevor er in den Wagen stieg, fragte er noch, ob er auch noch andere Käufer vorbeischicken könnte. ‚Nichts wäre mir lieber', sagte mein Sohn und winkte ihm nach.

Zwei Stunden später fuhren schon die nächsten Autos auf den Hof. Wagen um Wagen rollte an. Alle wollten unsere herrlichen Kartoffeln kaufen. Sie waren ja auch eine ausgesprochen gute Sorte Speisekartoffeln. Zwei Tage dauerte der Verkauf an. Wir kamen aus dem Staunen gar nicht mehr heraus. Nicht eine einzige Kartoffel blieb auf den Hängern liegen. Unsere Kasse war gefüllt, und mein Sohn brauchte noch nicht einmal die Kartoffeln zum Händler zu fahren. Frau Bormuth, Sie haben einen starken Glauben."

Ich wehrte ab. „Es liegt nicht an meinem großen Glauben, sondern an unserem großen Gott. Das schenkt mir Mut, meinem Herrn zu vertrauen. Sie wissen doch, was Jesus zu uns sagt: ‚Bittet, so wird euch gegeben; suchet, so werdet ihr finden; klopfet an, so wird euch aufgetan.'

Wir dürfen Wunder von unserm Vater im Himmel erwarten."

Von Matthias Claudius, der auch in vielen bedrängenden Situationen seines Leben die Hilfe Gottes erfahren hat, stammt das schöne Erntelied:

„Wir pflügen, und wir streuen den Samen auf das Land,
doch Wachstum und Gedeihen steht in des Himmels Hand:
der tut mit leisem Wehen sich mild und heimlich auf und träuft, wenn heim wir gehen, Wuchs und Gedeihen drauf.

Er sendet Tau und Regen und Sonn- und Mondenschein,
er wickelt seinen Segen gar zart und künstlich ein.
Und bringt ihn dann behände in unser Feld und Brot:
es geht durch unsre Hände, kommt aber her von Gott.

Was nah ist und was ferne, von Gott kommt alles her,
der Strohalm und die Sterne, der Sperling und das Meer.
Von ihm sind Büsch und Blätter und Korn und Obst von ihm,
das schöne Frühlingswetter und Schnee und Ungestüm.

Er lässt die Sonn aufgehen, er stellt des Mondes Lauf;
er lässt die Winde wehen und tut den Himmel auf.
Er schenkt uns so viel Freude, er macht uns frisch und rot;
er gibt den Kühen Weide und unsern Kindern Brot.

Refrain:
Alle gute Gabe kommt her von Gott dem Herrn,
drum dankt ihm, dankt, drum dankt ihm, dankt und hofft auf ihn."

Das Kätzchen, das vom Himmel fiel

Von einem Bauern weiß ich folgende Geschichte: Sein junges Kätzchen, gerade erst einige Wochen alt, floh vor einem Dackel und rettete sich auf eine Birke. Laut kläffte das braune Hundetier unter dem Baum und scheuchte so das Kätzchen immer höher, bis es auf einem der höchsten Äste gelandet war. Als der Hund schon längst wieder das Weite gesucht hatte, traute sich das scheue Kätzchen noch immer nicht, den Stamm hinabzuklettern. Da verfiel der Bauer auf eine gute Idee. Er holte seinen Trecker, band das Abschleppseil an den Ast und fuhr Schritt um Schritt vorwärts. Der Baum neigte sich immer tiefer. Fast hatte der Bauer das Kätzchen schon in Greifnähe, da riss das Abschleppseil, und das Tierchen schleuderte hoch in den Himmel wie ein Pfeil aus dem Bogen. Das Kätzchen blieb verschwunden. Der Landwirt machte sich nun auf die Suche nach seinem Haustier, fragte bei verschiedenen Nachbarn, aber es war unauffindbar.

Einige Tage später musste er mit seiner Frau zum Einkaufen fahren. Im Großmarkt trafen sie eine Bekannte, und es fiel ihnen auf, dass sie in ihrem Einkaufswagen Katzenfutter liegen hatte. Erstaunt fragte der Bauer: „Seit wann haben Sie denn eine Katze? Sie haben doch nur einen Hund."

„Eigentlich wollte ich nie eine Katze", erzählte die

junge Frau, „aber unsere Nicole hat mich immer wieder bedrängt: ‚Mutti, ich möchte doch so gern ein Kätzchen.' Ich konnte ihr nur erwidern: ‚Kind, das geht doch nicht. Wir haben schon Mirko. Katz und Hund vertragen sich nicht.' Die Kleine ließ aber nicht locker. ‚Mutti, ich will aber doch ein Kätzchen', jammerte unser kleiner Schatz. ‚Nein, du bekommst kein Kätzchen, es sei denn, es fällt eines vom Himmel.'

Das war mein letztes Wort. Damit musste sich unsere Tochter zufrieden geben. Ärgerlich verließ ich das Zimmer.

Traurig ging Nicole in den nahen Wald. Sie hätte doch so gern ein Kätzchen zum Schmusen gehabt. Sie würde auch fürs Futter sorgen und das Katzenklo säubern. Wenn ihr schon die Mutter diesen Wunsch verwehrte, so könnte doch Gott ihre Bitte erfüllen. Sie faltete ihre Händchen und klagte dem himmlischen Vater ihr Leid. Plötzlich fiel ihr wirklich ein kleines, graues Kätzchen in den Schoß. Freudestrahlend brachte sie ihren Liebling nach Hause. ‚Mutti, ich habe schon immer gewusst, dass Gott Gebete erhört. Im Kindergottesdienst hat der Pastor uns dies erzählt. Aber dass es so schnell geht, damit hatte ich nicht gerechnet. Ist das nicht toll?'"

Bauer und Mutter gerieten darüber ins Staunen. Das Kätzchen war wirklich vom Himmel gefallen.

6 Uhr 33 am Morgen

Es gibt Bibelworte, die mich an eine besondere Zeit oder an ein wichtiges Ereignis erinnern. Immer wieder lese ich sie gerne. Dazu gehören folgende Verse:

„Meine Seele soll sich rühmen des Herrn, dass es die Elenden hören und sich freuen.

Preiset mit mir den Herr und lasst uns miteinander seinen Namen erhöhen.

Da ich den Herrn suchte, antwortete er mir und errettete mich aus aller meiner Furcht.

Welche auf ihn sehen, die werden erquickt, und ihr Angesicht wird nicht zu Schanden."

Diese starke Ermutigung zum Lob ist Psalm 34 entnommen (Vers 3-6). Ich bin im Jahr 1934 geboren, und von daher wurde mir dieser Psalm zu meinem persönlichen Gotteswort.

Genauso geht es mir mit meinem Konfirmationsspruch:

„Was ihr getan habt einem unter diesen meinen geringsten Brüdern, das habt ihr mir getan" (Matthäus 25,40).

Dieser Vers hilft mir, wenn mir die Last der „geringen Brüder und Schwestern" zu groß werden will und ich mich am liebsten ihrer entledigen möchte. Über 25 Jahre ehrenamtliche Tätigkeit in der Telefonseelsorge, vor allen Dingen im Nachtdienst, sind nicht spurlos an mir vorübergegangen, zumal meine Aufgabe darin bestand, mich um selbstmordgefährdete Menschen zu kümmern. So denke ich an eine junge Frau, die mich heute noch fast täglich anruft, mir ihre Krankengeschichte erzählt und mich um ein Gebet bittet. Manchmal stehe ich gerade am Herd und koche Schweinerippchen mit Sauerkraut oder ich hänge Hosen und T-Shirts auf die Leine. Dann muss ich schnell zum Telefon laufen. Wenn ich gerade für eine Viertelstunde auf dem Sofa eingenickt bin, stört mich der Anruf besonders. Aber dann will ich mir sagen: Christine gehört zu den „Geringen", die Zuspruch, Liebe und Zuwendung brauchen, und zwar täglich.

Mein Trauspruch begleitet mich schon 48 Jahre. Ich werde ihn nie vergessen:

„Es sollen wohl Berge weichen und Hügel hinfallen; aber meine Gnade soll nicht von dir weichen, und der Bund meines Friedens soll nicht hinfallen, spricht der Herr, dein Erbarmer" (Jesaja 54,10). Ich habe in meiner Ehe so manche Berge vor mir gesehen, vor allen Dingen, wenn die Kinder am Keuchhusten fast erstickten oder einen Unfall erlitten hatten. Ich bin auch stark erschüttert worden, wenn Menschen mich verletzten und mir Schwierigkeiten bereiteten oder sich wortlos von mir zurückzogen. Dann hat mich Gottes Gnade gehalten, und sein Friede hat mich wieder zur Ruhe gebracht.

Kürzlich hörte ich von einem Studenten, der sich auf eine originelle Weise an sein Schlüsselwort aus der Bibel erinnern lässt. Jeden Morgen stellt er seinen

Wecker auf 6 Uhr 33. Das Klingelzeichen soll ihn an Jesu Wort aus Matthäus 6,33 erinnern: „Trachtet zuerst nach dem Reich Gottes, so wird euch solches alles zufallen." Dieser Aufruf aus der Bergpredigt soll ihm dazu dienen, dass Gott seinem Tag die rechte Ausrichtung gibt. Verheißungsvoll darf er dann seine Arbeit beginnen.

6 Uhr 33 ist also eine gute Zeit, fröhlich morgens aus den warmen Federn zu kriechen.

Emanuel ist geboren

Wie lange haben wir auf diesen kleinen Erdenbürger gehofft. In der letzten Woche habe ich mindestens dreimal am Tag für unsere Schwiegertochter gebetet. Es war das dritte Kind, auf das die junge Familie wartete. Mein Mann hatte den Besuch in Göttingen gerade auf dieses Wochenende, an dem der Geburtstermin errechnet war, gelegt. In der Nacht zum Sonntag war es dann wirklich so weit. Gegen zwei Uhr wurde er geweckt, um Hanna Maria und Cornelius in die Obhut zu nehmen, während unser Sohn seine Frau in die Klinik brachte. Als die beiden Kleinen am Morgen entdeckten, dass Muttis Bett leer war und der Opa bei ihnen schlief, war das Hallo groß: „Unser Baby wird heute geboren!" Die muntere Schar hüpfte vor Freude auf den Matratzen herum. Einige Stunden dauerte dann noch das Warten. Cornelius meinte schließlich: „Jetzt holen wir das Fernglas aus Papas Schreibtisch, und dann können wir besser sehen, wann Papa den Berg heraufkommt." Endlich brachte unser Sohn die gute Nachricht: „Euer Bruder ist geboren! Ein süßer kleiner Kerl, das schönste Baby auf der Geburtsstation in der Klinik. Heute dürft ihr den lieben Schatz sehen. Emanuel wird er heißen, und das bedeutet: Gott ist mit uns. Ist dies nicht ein wunderbarer Name? Sollen wir dann Manni zu ihm sagen?"

„Ach nein, Papa, wir werden ihn Emanuel nennen,

dann wissen wir auch immer gleich, dass Gott mit uns ist. Papa, wir freuen uns so sehr."

Vor lauter Übermut warfen die beiden die Kissen in die Luft und hüpften auf dem Sofa herum, was ihnen sonst natürlich verwehrt ist. Die Freude kannte keine Grenzen. Am Nachmittag ging dann die Familie geschlossen ins evangelische Krankenhaus „Neu Bethlehem" in Göttingen. Im Nu hatten Hanna Maria und Cornelius die Schuhe ausgezogen und waren aufs Bett ihrer Mutti gestiegen. Eigentlich ist das auf der Wöchnerinnenstation nicht erlaubt. Das Baby lag gerade in den Armen der Mutti. Es schlief. Ein Staunen packte die Geschwister. „Mutti, schau, hier ist das Knie! Und wie klein sind die Händchen. Hat unser Bruder braune Haare oder schwarze?" Die Haarfarbe war nicht klar auszumachen. Sie strichen ihrem Brüderchen behutsam übers Köpfchen und gaben ihm einen Kuss auf die Stirn.

Eine glückliche, junge Familie, die dankbar den neuen Erdenbürger aus Gottes Hand empfängt. Für mich sind das herrliche Stunden. Und wieder bestätigte es sich: „Kinder sind eine Gabe Gottes, und Leibesfrucht ist ein Geschenk."

Am Abend sang ich immer wieder das herrliche Anbetungslied, es ist Emanuels Lied:

"Jesus, höchster Name, teurer Erlöser, siegreicher Herr.
Immanuel, Gott ist mit uns, herrlicher Heiland, lebendiges Wort.
Er ist der Friedefürst und der allmächt'ge Gott,
Ratgeber wunderbar, ewiger Vater,
und die Herrschaft ruht auf seiner Schulter,
und seines Friedensreichs wird kein Ende sein."

Ich wurde in das Staunen mit hineingenommen. Ist das Wunder der Geburt eines Kindes überhaupt zu begreifen? Aus der Liebe zweier Menschen erweckt sich Gott neues Leben, eine großartige Schöpfung unseres Vaters im Himmel. Er hat dieses Kind gewollt, es wunderbar bereitet, mit allen Sinnen begabt und zu seinem Lobpreis geschaffen. Ich kann nur mit dem Psalmisten beten: „Ich danke dir dafür, dass ich wunderbar gemacht bin; wunderbar sind deine Werke, und das erkennt meine Seele wohl.

Von allen Seiten umgibst du mich und hältst deine Hand über mir.

Solche Erkenntnis ist mir zu wunderbar und zu hoch; ich kann sie nicht begreifen" (Psalm 139,14.5-6).

Weihnachten nach dem 11. September 2001

Wir saßen nun schon zum zweiten Mal um den Weihnachtsbaum zusammen und sangen unsere Lieder, wie wir es von Kindheit an gewohnt waren. Aber auch dieses Mal wollte uns „Stille Nacht, heilige Nacht" nicht fröhlich über die Lippen kommen. Den Terroranschlag vom 11. September 2001 konnten wir einfach nicht vergessen. Und doch blieb uns ein stiller, tiefer Jubel im Herzen, wenn wir an dieses folgende Geschehen dachten. Vielleicht ist es am besten, wenn ich die Geschichte von Anfang an erzähle. Meine Frau hatte mir voller Glück erzählt, dass wir bald ein Kind unser Eigen nennen dürften. Dabei waren wir beide unbeschreiblich froh, denn in unserer Ehe hatten wir doch lange auf den Kindersegen warten müssen. Jane wollte gerne noch einmal, bevor die Reise für sie zu beschwerlich wurde, ihre Schwester in Kalifornien besuchen. Wir hatten von New York aus einen Flug gebucht. Es war der 11. September, und ich wollte Jane mit dem Auto zum Flughafen bringen.

Wir haben es schon immer so gehalten, dass wir uns vor dem Antritt einer Fahrt Gott anvertrauten und ihn im Gebet um Bewahrung baten. Als wir uns dann auf der Autobahn befanden, hörten wir plötzlich einen lauten Knall. Das Auto kam ins Schleudern, aber es gelang mir noch, den Wagen zum Stehen zu bringen. Ich stieg aus und sah mir das Malheur an. Der linke Hinterreifen war geplatzt.

In handwerklichen Dingen bin ich geschickt und begann sofort, das Rad zu wechseln. Auch wenn mir solche Reparaturen sonst schnell von der Hand gehen, hatte ich diesmal Mühe damit. Die Zeit schwand dahin, und es war schon abzusehen, dass meine Frau das Flugzeug nicht mehr erreichen würde. Warum musste gerade bei dieser Fahrt die Panne passieren? Wir hatten doch Gott um Bewahrung gebeten. Etwas mürrisch und schlecht gelaunt setzten wir uns wieder ins Auto und fuhren zurück. Besonders bei meiner Frau war die Enttäuschung sehr groß.

Aber kaum waren wir daheim angelangt, da klingelte schon das Telefon. Mein Vater, ein pensionierter Feuerwehrmann aus New York, rief an. Er wusste, dass Jane zu ihrer Schwester fliegen wollte, und fragte nach der Nummer des Fluges, den meine Frau gebucht hatte. Ich sagte ihm auch sofort, dass wir leider wegen der Autopanne das Flugzeug verpasst hatten und umgekehrt waren. Ich vernahm, dass mein Vater tief durchatmete und dann lange am Telefon schwieg. „Was ist los, Vater, geht es dir nicht gut?"

„John, ich muss dir sagen, dass gerade dieser Flieger, mit dem Jane nach Kalifornien fliegen wollte, in das World Trade Center gerast ist und dass wohl kein einziger Passagier überlebt hat."

Ich war zutiefst erschüttert und brachte kein Wort über die Lippen. Es war mir zumute, als habe mir

Gott meine Frau ein zweites Mal geschenkt. Wir konnten unserem Herrn für diese Bewahrung nur danken.

Aber dann teilte mir Vater noch mit, dass er unbedingt zum Ground Zero fahren müsse, um seine Kollegen bei der Rettungsarbeit zu unterstützen. „Ich kann doch nicht einfach im Lehnstuhl sitzen bleiben, während das Feuer brennt. Ich muss zu ihnen. Das ganze Gebiet ist ein Feuermeer. Es brodelt überall. Passt nur gut auf mein kommendes Enkelkind auf!"

Mit diesem Satz legte er den Hörer auf. Von seinem einmal getroffenen Entschluss hätte ich ihn nicht zurückhalten können. Dessen war ich mir bewusst. Doch wir gerieten in Unruhe. Wenn nun Vater bei den Rettungsarbeiten etwas zustoßen würde? Ich wusste nicht, ob er Jesus schon als seinen Herrn und Heiland angenommen hatte. Würden wir uns im Himmel wieder sehen, wenn er beim Einsatz sein Leben riskierte?

Über das Fernsehen gingen die schaurigen Bilder in alle Welt hinaus. Das Ausmaß des Leides und der Zerstörung war schrecklich. Solch einen Terroranschlag hatte es in der Welt noch nie gegeben. Ich war ganz unglücklich.

Zwei Tage später wurde uns mitgeteilt, dass Vater bei seinem heldenhaften Einsatz ums Leben gekommen war. Ich konnte diese Todesnachricht zunächst gar nicht recht begreifen. Meine Frau hatte Gott bewahrt, aber meinen Vater hatte er mir genommen. Plötzlich stieg Groll in meinem Herzen auf. Groll gegenüber Gott. Ich verstand ihn nicht mehr. Ich ärgerte mich auch über mich selbst, dass ich meinem Vater nicht energischer Widerstand geleistet hatte. Nie würde er sein Enkelkind sehen können. Dabei hatte er sich so sehr darauf gefreut. Wie konnte er auch ein solcher Draufgänger sein! Hatte er nicht schon so oft sein Leben für andere eingesetzt? Bei wie vielen Feuerbränden hatte er alles riskiert, um andere zu retten, und immer war er mit heiler Haut davongekommen. Und jetzt, da er seinen Ruhestand hätte genießen können, musste er den Helden spielen. Meine Trauer über den Verlust meines Vaters uferte in Wut aus. Mein Vater war doch noch gar nicht zum Sterben bereit gewesen, und mir war auch die letzte Möglichkeit versagt geblieben, ihn auf Christus hinzuweisen. Ich hatte mich noch nicht einmal von ihm verabschieden können.

Dann aber ereignete sich etwas völlig Unglaubliches. Zwei Jahre später saß ich mit meiner Frau und unserem kleinen Jonathan im Wohnzimmer, als es an unsere Tür klopfte. Ich sah meine Frau an und sie mich. Wir erwarteten doch keinen Besuch. Wer würde jetzt noch kommen? Ich öffnete die Tür, und ein junges Ehepaar mit einem Kind stand davor. Der Mann schaute mich an und fragte, ob ich Herr John Matthew sei, und ob mein Vater Jake Matthew heiße. Ich nickte und bestätigte seine Frage. Der Fremde griff spontan nach meiner Hand und sagte: „Mir war es nie vergönnt gewesen, Ihren Vater kennen zu lernen. Aber ich achte es für eine hohe Ehre, seinem Sohn begegnen zu können."

Dann erzählte er uns in einem langen Gespräch Folgendes: „Meine Frau Doreen hat im World Trade Center gearbeitet und war damals schwanger, als die beiden Flugzeuge in die Türme rasten und einen Feuersturm auslösten. Doreen war in ihrem Büro von herabstürzenden Trümmerteilen eingeschlossen worden. Ihr Vater war der Erste, der auf sie stieß und sie aus ihrer bedrohlichen Lage befreite."

Von den Worten unseres Besuchers war ich sehr ergriffen. Tränen rannen mir über die Wangen. Mir war bewusst, dass mein Vater sein Leben eingesetzt hatte, um andere zu retten. Diese junge Mutter lebte und ihr kleiner Sohn auch. Aber der Fremde fuhr fort: „Ich muss Ihnen noch etwas erzählen, was Sie unbedingt wissen sollten." Mit einem Blick auf seine Frau meinte er: „Ach, Doreen, willst du es nicht lieber selber tun?"

Sie nickte und berichtete, wie mein Vater versucht hatte, sie aus den Trümmern zu befreien. Aber für Stunden blieben sie eingeschlossen. In dieser Wartezeit habe sie meinem Vater ihren Glauben an Christus bezeugt, und schließlich habe sie sogar inmitten von herabfallendem Gestein und viel Staub mit Vater beten können. Er war bereit geworden, sein Leben Jesus zu übereignen und in seine Nachfolge zu treten.

Als ich dies hörte, brach ich in Schluchzen aus; denn nun wusste ich, dass Vater mich einmal am Himmelstor empfangen würde, wenn ich aus dieser Zeit in die Ewigkeit abberufen würde. Doreen war glücklich darüber, dass ich solch einen hilfsbereiten Vater hatte. Ihm verdankte sie ihr Leben und die Freude, ein gesundes Kind haben zu dürfen. Aus Dankbarkeit hatte sie ihrem Jungen den Namen meines Vaters gegeben: Jakob Matthew.

Ganz neu begriff ich, dass Gott in unserer Familie ein großes Wunder getan hatte. Verdient hatten wir es nicht, aber von Herzen wollten wir uns darüber freuen. Und wenn auch Vater nicht mit uns auf der Erde Weihnachten feiern konnte, dann wussten wir doch: Er wird mit den himmlischen Heerscharen ins Lob Gottes einstimmen und singen: „Ehre sei Gott in der Höhe und Friede auf Erden und den Menschen ein Wohlgefallen!"

Tage, die nicht gefallen

Es gibt Tage, da gewinne ich den Eindruck, als habe sich alles gegen mich verschworen. Das Leben wird mir schwer, und das Leid drückt mich zu Boden. Solch ein Tag ist heute. Gerade komme ich aus der Klinik, in die mein Mann vor einer Woche eingeliefert wurde. Schlaganfall diagnostizierten die Ärzte. Dabei gab es zuvor gar keine Anzeichen für seine lebensbedrohliche Erkrankung. Er unterrichtete seine Studierenden im Predigerseminar, hielt Andachten im Diakonissenmutterhaus und predigte sonntags das Evangelium. Nach dem Gottesdienst saßen wir, wie so oft, etwas beisammen und betrachteten noch einmal den Bibeltext. Plötzlich sagte mein Mann: „Lotte, ich kann den linken Arm nicht mehr heben."

„Soll ich ihn massieren? Ist er vielleicht eingeschlafen?"

„Lotte, es ist ernster. Jetzt habe ich sogar im linken Bein kein Gefühl."

Mir war sofort klar, hier musste der Notarzt kommen, und mein Mann würde wohl ins Klinikum eingeliefert werden.

Nachdem ich mit dem Notdienst telefoniert hatte, packte ich einige Sachen in ein Köfferchen: Handtücher, Toilettenartikel und Schlafanzug. Ich war schrecklich aufgeregt und fand noch nicht einmal den Rasierpinsel.

Unser Daniel, gerade 15 Jahre alt, sah meine Bestürzung. „Mutti, komm setz dich doch erst einmal zu mir. Lass uns für Papa beten. Das ist jetzt das Wichtigste."

Daniel faltete die Hände und rief zu Gott. Er dankte erst einmal seinem Vater im Himmel für seinen lieben Papa und für alles, was er ihm bedeutete. Dass Papa mit ihm die schwierigen Matheaufgaben gelöst und mit ihm den griechischen Text übersetzt hatte. Außerdem waren ihm das frohe Spiel auf dem Rasenplatz und die herrlichen Geschichten wichtig, die Papa ihm abends erzählte. Voller Vertrauen legte er seinen lieben Papa in Gottes Hände: „Herr, du weißt am besten, was Papa jetzt am nötigsten braucht. Schick ihm den rechten Arzt und mach ihn bitte wieder ganz gesund." Der Junge hatte noch nicht Amen gesagt, da stand schon der Notarzt vor der Tür. Über dem kurzen Reden mit Gott war ich stiller geworden und stieg mit in den Krankenwagen ein. In den bangen Stunden, die folgten, empfand ich, welch großartiges Geschenk es ist, Jesus zu kennen und ihn als den guten Hirten zu erfahren. In jedes dunkle Tal geht er mit.

Was mich dann aber ziemlich fassungslos machte, war ein Brief. Er stammte von unserem früheren Nachbarn und war in einem ziemlich grimmigen Ton geschrieben. Eigentlich kannte ich diesen alten Herrn nicht besonders gut. Er lebte sehr zurückgezogen, und außer „Guten Morgen" und „Guten Abend" hatte ich nie zuvor ein Wort mit ihm gewechselt. Er war Beamter im Bauamt gewesen und lebte jetzt im Ruhestand.

Es war mir nicht ganz leicht gefallen, unser neu erbautes Haus, in das wir erst drei Jahre zuvor eingezogen waren, wieder zu verlassen. An meinen Mann war die Bitte herangetragen worden, seine Beamtenlaufbahn aufzugeben und in einem Diakoniewerk Mitarbeiter zu werden. So hatten wir Arolsen, diesen herrlichen Wohnort, verlassen. Aber dieser Brief unseres Nachbarn stürzte mich in Angst.

Herr Dingler (Name ist geändert) teilte mir mit, dass er seinen Zaun erneuern lassen möchte, und bat uns, die Hälfte der Ausgaben zu übernehmen. Ein Kostenvoranschlag lag dabei, und ich war recht erschrocken, als ich den Betrag sah. Sein Jägerzaun war noch in bester Ordnung. Nun aber wollte er eine teure Mauer bauen und einen hohen Drahtzaun daraufsetzen. Warum er auf diese Idee kam, blieb mir fraglich. Ein kleiner Zaun hätte es auch getan. Natürlich war ich über die hohen Ausgaben nicht erbaut und bat ihn, ob er die Errichtung des Zaunes um ein halbes Jahr verschieben könnte. Ich legte ihm auch nahe, den Zaun ohne Mauer zu errichten, was die Kosten enorm senken würde. Mit unseren fünf Kindern, die alle noch in Schule und Studium waren, konnten wir im Augenblick eine so hohe Summe nicht verkraften. Dazu sei auch noch mein Mann schwer krank und läge in der Klinik. Er möge doch meine Notlage verstehen.

Drei Tage später hatte ich seine Antwort im Briefkasten. Er drohte mit dem Rechtsanwalt und setzte noch hinzu: „Eine gerichtliche Auseinandersetzung würde den Zaun wesentlich verteuern."

Ich war darüber entsetzt. Ich nahm den Brief und legte ihn Gott vor. Noch nie zuvor hatte ich etwas mit Gericht und Rechtsanwalt zu tun gehabt. Angst überfiel mich. Auch wenn ich Gott zum Mitwisser machte, konnte ich die Furcht nicht einfach abschütteln. Vielleicht lagen auch meine Nerven durch die schwere Erkrankung meines Mannes blank. Ich verschwand erst mal mit dem leidigen Brief im Schlafzimmer, fiel auf meine Knie und bat Gott, mich vor weiteren bösen Nachrichten zu verschonen. Gleichzeitig nannte ich den Namen meines Nachbarn vor meinem himmlischen Vater, dass er ihn doch segnen möge. Alles Liebe und Gute habe ich ihm von Gott erbeten. Ich erinnerte mich an das Wort Jesu: „Liebet eure Feinde!" Denn dass Herr Dingler mir nicht besonders wohlgesonnen war, bewies seine Drohung. Um diese Sache friedlich zu lösen, erklärte ich mich bereit, den Zaun inklusive der Mauer zu bezahlen. Meinen Mann konnte ich im Augenblick nicht um Rat fragen.

Im Nachhinein weiß ich, dass ich mich hätte wehren können; aber die Drohung mit dem Rechtsanwalt hatte mich eingeschüchtert und wehrlos gemacht. 14 Tage später bezahlte ich die hohe Rechnung, die all unser Erspartes aufbrauchte. Fortan packte mich die

Angst, wenn ich den Briefträger auf unser Haus zukommen sah. Welche Hiobsbotschaften würde er mir noch in den Briefkasten werfen?

Ein Vierteljahr später lag wieder Post von unserem Nachbarn im Briefkasten. Meine Hände zitterten, als ich sie öffnete. Was würde Herr Dingler jetzt wieder im Schilde führen? Aber diesmal versetzten mich seine Zeilen in Erstaunen. Der Nachbar entschuldigte sich bei mir für sein unbotmäßiges, störrisches Verhalten und bat mich, wir sollten in Zukunft wie gute Freunde miteinander verkehren. Er lüde mich und meinen Mann zu einer Tasse Kaffee ein, wenn wir wieder einmal in Arolsen Station machten, und er hoffte, mein Mann sei wieder genesen. Der Nachbar hatte eingesehen, dass er mich in meiner notvollen Lage doch sehr bedrängt hatte. Gewiss, mein Sparbuch war geplündert, und wir hätten einen Zaun errichten können, der um die Hälfte billiger gewesen wäre; aber der Friede mit unserem Nachbar war mir wichtiger, und ich hatte das Empfinden, er war uns wieder wohlgesonnen. Ich musste mich in Zukunft nicht mehr vor ihm fürchten.

Gerade in der Nacht leuchten die Sterne

Im Vorprogramm bei Pro Christ sang Wolfgang Tost ein Lied mit dem Refrain: „Wenn Mütter Kinder töten, stirbt die Welt". Dabei lief mir ein Schauer über den Rücken, weil ich an all die Frauen denken musste, die davon betroffen waren. Ich ahnte schon, dass sicher einige Teilnehmerinnen das Gespräch mit mir suchen würden; denn ich war bei dieser Veranstaltungsreihe als Seelsorgerin eingesetzt. So kam es denn auch. Frau Peter (Name wurde geändert) war noch ein junges Mädchen, gerade mal 17 Jahre alt, als sie plötzlich merkte: Ich erwarte ja ein Kind. Sie vertraute sich ihrer Mutter an; denn in dieser Situation fühlte sie sich sehr hilflos. Sie steckte mitten in der Ausbildung zur Bankkauffrau. Ein Baby passte auf keinen Fall in ihre Lebensplanung. Außerdem war die kurze Affäre mit Peter längst beendet. Zu der Zeit, vor etwa 50 Jahren, war ein Schwangerschaftsabbruch noch strafbar. Aber ihre Mutter sann auf einen Ausweg, sprach mit ihrem Hausarzt, und ein Termin in der Praxis wurde vereinbart. „Es war schrecklich", erzählte mir Frau Peter. „Ich hatte keine Ahnung, was jetzt mit mir geschehen würde, und ich ließ diese schmerzhafte Prozedur über mich ergehen. Wegen einer Liebesnacht musste ich jetzt so viel durchleiden. Meine Mutter holte mich dann vom Hausarzt ab. Ich war deprimiert und fragte mich: Wie hatte ich mich bloß auf solch ein Abenteuer einlassen können? Diese Abtreibung konnte ich einfach nicht aus meinem Gedächtnis verbannen.

Diesen einen Abend beim Hausarzt konnte ich nicht mehr aus meiner Erinnerung auslöschen. Gewiss, ich habe später einen wunderbaren Menschen kennen gelernt, und wir haben auch geheiratet. In den 33 Jahren unserer Ehe wurden uns noch drei Töchter geboren. Aber mit meinem Mann konnte ich nie über meine Abtreibung reden. So habe ich all die Jahre diese Last mit mir allein herumgetragen. Nun bin ich schon eine alte Frau und seit mehreren Jahren Witwe, aber noch immer bedrängt mich diese Schuld. Der Schwangerschaftsabbruch ist wie eine Wunde, die nicht mehr heilen will. Oft plagt mich die Angst, dass ich bald vor Gott stehen werde und er mich fragen könnte: ‚Luisa, was hast du mit deinem Kind gemacht?' Ja, was habe ich mit meinem Kind gemacht? Getötet habe ich es. Auf mich trifft das Lied zu, das heute Abend der Sänger gesungen hat. Ich bin mitbeteiligt daran, dass unsere Welt stirbt. Aber heute Abend will ich zu Gott kommen, ihm meine Verfehlung bekennen und mein Leben Christus übereignen. Mit dieser Schuld kann ich so nicht weiterleben. Ich bereue sie von ganzem Herzen."

Still habe ich zugehört und Gott um Weisheit gebeten. Trösten war jetzt meine Aufgabe. Der Herr machte mich auf das Jesajawort aufmerksam: „Wenn eure Sünde gleich blutrot ist, so soll sie doch schneeweiß werden" (Jesaja 1,18). Ich sprach Frau Peter nach dem Bekenntnis ihrer Schuld mit diesem Wort die Vergebung zu. Wir knieten nieder und dankten unserem Herrn, dass er für uns am Kreuz auf Golgatha die Aussöhnung mit dem Vater im Himmel geschaffen hat. Unsere Schuld hat er auf sich genommen, damit wir frei und ihrer ledig sein dürfen. Das ist Gnade, die uns Sündern widerfährt, heilsame Gnade. Ich sprach noch den Segen über Frau Peter aus: „Der Herr segne dich und behüte dich; der Herr lasse sein Angesicht leuchten über dir und sei dir gnädig. Er erhebe sein Angesicht über dir und gebe dir seinen Frieden."

Dankbar drückte mir Frau Peter die Hand. „Endlich bin ich frei, wirklich frei. Diese Schuld darf mich nun nicht länger zu Boden drücken. Ich kann tief durchatmen und mich freuen." In ihrem Gesicht spiegelte sich die Freude über Gottes großes Vergeben wider, und ich konnte von Herzen mitjubeln. Wie heißt es doch in einem Spruch: „Die Nacht, in der die Angst das Menschenherz beschleicht, kennt auch das Leuchten der Sterne und des Mondes." Christus sagt selbst: „In der Welt habt ihr Angst, aber seid getrost, ich habe die Welt überwunden" (Johannes 16,33).

Im Leiden stark

Von allem, was ich bei Pro Christ gehört habe, hat mich das Zeugnis von Sabine Mees am stärksten beeindruckt. Diese bildhübsche Schülerin, hoch gewachsen und ein sportlicher Typ, entdeckt eines Tages Flecken an ihrem rechten Bein. Zunächst misst sie dem keine große Bedeutung zu. Als sich aber die Stellen auf der Haut vermehren, sucht sie einen Arzt auf. Dieser schickt die Sechzehnjährige sofort in eine Klinik zu weiteren Untersuchungen. Die Diagnose ist niederschmetternd: Knochenkrebs. Es folgen langwierige Behandlungen. Aber der Krebs wuchert weiter. Die Ärzte müssen sich zur Amputation des Beines entschließen. Für Sabine folgt eine harte Zeit. Sie liebt das Springen, Hüpfen, Tanzen, Skifahren, Schwimmen und Wandern. Nun soll sie von all diesen Aktivitäten Abschied nehmen? In der Stunde der Anfechtung stellt sich Jesus Christus tröstend an die Seite der Schülerin. Ihn hat sie als ihren Herrn und Heiland kennen gelernt und folgt ihm nach. So kann sie sich zu einem Ja für diesen schweren Eingriff durchringen. Am Abend vor ihrer Amputation, bei der auch ein Teil des Beckens abgenommen werden muss, schreibt sie auf ihr Bein:

„Wir sehen uns im Himmel wieder!"

Tapfer durchsteht dieses junge Mädchen den Verlust ihres Beines. Sie weiß sich in Jesus geborgen. Eigentlich hat sie angenommen, dass die Schrift durch die Behandlung mit Desinfektionsmittel schnell wieder ausgelöscht würde. Aber am nächsten Morgen lesen die Ärzte im Operationssaal diese mutigen, hoffnungsvollen Worte und sind bewegt.

Sabine hat den Eingriff gut überstanden, und seit vier Jahren hat es keine Anzeichen von Krebszellen mehr gegeben. Ihr Glaube ist der Sieg, der ihr eine bewundernswerte Fröhlichkeit und Ausstrahlung verleiht.

Schaffende, helfende, segnende Hände

An den Händen kann man einen Menschen erkennen. Deshalb ist ein Fingerabdruck auch so wichtig. Ich habe mich manchmal gefragt, welche Hände mir in meinem Leben bedeutungsvoll geworden sind. Natürlich musste ich sofort an meinen Vater denken. Seine Hände waren immer sehr gepflegt und weich. Gab er mir die Hand, dann drückte er sie mir ganz fest zum Zeichen, dass ich ihm wichtig bin. Seine Art, mit mir umzugehen, war liebevoll und behutsam. Einmal habe ich aber auch seine strenge Hand gespürt. Ich war etwa neun Jahre alt und spielte mit meinen Kameraden im Rapsfeld Versteck. Dabei trampelten wir den Raps, der schon zur Frucht angesetzt hatte, ziemlich stark nieder. Vater entdeckte uns bei unserem Treiben, und ich musste mit meinen Freunden zu ihm in sein Zimmer kommen. Er redete ernst mit uns, schickte die Spielkameraden weg und bestrafte mich mit einem Lineal, das er mir über die Finger schlug. Das hat mir sehr wehgetan, aber mein Verhältnis zu meinem Vater wurde dadurch nicht getrübt. Ich wusste, dass ich nicht ein Stück des Rapsfeldes hätte niedertrampeln dürfen. Die Strafe war gerecht.

Vaters Hände haben sich für uns als Familie auch ganz praktisch eingesetzt, als er seinen Beruf als Professor nicht mehr ausüben konnte. Durch die Flucht vor den Russen haben wir alles verloren. Vater hat auch seine Lehrtätigkeit eingebüßt. Früher hat er nie körperliche Arbeiten verrichten müssen, aber nach 1945, als es ums Überleben ging, hat er kräftig zugelangt und jede Arbeit angenommen, die er bekommen konnte. Unsere Pferde hatten wir gerettet. Sie waren das Einzige, was uns von unserem Hof geblieben war. Auch unser Knecht Stachow blieb solange bei uns, bis die Amerikaner im Mai 1945 Deutschland besetzten. Dann zog es ihn wieder zurück nach Polen, wo seine Verlobte auf ihn wartete. Von nun an musste Vater selbst die Pferde füttern und tränken und zusehen, wie er den Broterwerb sicherte. Seine sonst zarten, weichen Hände wurden rau, rissig, hart und wiesen viele Schwielen auf.

Einmal habe ich auch über Vaters Hände kräftig lachen müssen.

In Bessarabien war es Sitte, einer Wöchnerin Hühnersuppe zur Stärkung zu bringen. Ich hatte gerade unseren Sohn Gottfried geboren. Zwei Tage nach der Entbindung besuchte mich Vater im Krankenhaus. In seiner Hand hielt er eine Dreiliterkanne mit Hühnersuppe. Oben guckte noch ein Hühnerbein heraus. Mit diesem Essen in der Hand hatte er über drei Stunden Bahnfahrt auf sich genommen und war zweimal umgestiegen. Als er an mein Bett trat, lachte er: „Lotte, die Hühnerbrühe wird dir gut tun. Du musst dich nach den Strapazen der Geburt stärken." Kräftig nahm er mich in seine Arme und drückte mir einen Kuss auf die Wange. Ich wusste: Vater ist immer für mich da. Ich überlegte, um wie viel Uhr Mutter wohl aufgestanden war, um das Huhn zu schlachten und die Nudeln zu bereiten. Es muss noch zu nachtschlafender Zeit gewesen sein. Aber so viel Einsatz war ich ihr wert. Welch ein Geschenk ist es doch, wenn Kinder die Liebe der Eltern verspüren.

Die letzte Erinnerung an Vaters Hände geht auf seinen Sterbetag zurück. Er litt an Darmkrebs. Ich stand an seinem Bett, wischte ihm den Schweiß und das Blut ab, das aus seinen Wunden floss. Er war sehr elend. Wenn ich ihn wieder gesäubert und sein Bett frisch bezogen hatte, rieb ich ihn mit Parfüm ein. Das kühlte seine Haut und verbreitete einen angenehmen Duft. Da nahm er noch einmal meine Hände und drückte sie mir: „Lotte, ich danke dir." Ich hatte Mühe, meine Tränen zurückzuhalten, denn ich wusste, dass ich ihm wohl diesen Liebesdienst in Zukunft nicht mehr würde erweisen können.

Den letzten Eindruck aber, den ich von Vater habe, sind seine betenden Hände. Als sich die Atemnot verschlimmerte, haben wir ihm den 23. Psalm als Tröstung gelesen. Ich wollte noch ein Gebet sprechen. Da faltete Vater selbst seine Hände und betete: „Lieber Gott, schenke du Eintracht in unserer Familie, lass Kinder und Kindeskinder den Glaubensweg mit dir gehen und sei uns allen gnädig." Daraufhin drehte er sich zur Seite, schloss die Augen und ging ein in Gottes neue Welt.

Wenn uns schon die Hände eines Menschen so wichtig sind, um wie viel mehr sollten wir uns darauf besinnen, was Gottes Hände für uns bedeuten; denn die Bibel spricht oft von der Hand Gottes.

Seine Hand offenbart sich zunächst in der Erschaffung der Welt. Wir haben einen Gott, der wirkt und schafft. Luther hat gesagt: Gott ist „semper actuosus". Das bedeutet: Er ist ein Gott, der immer wirkt. Wunderbar hat er die Welt und die Menschen geschaffen. Wir sind Originale aus Gottes Hand. Deshalb darf auch das Lob über Gottes Schöpfung nie in uns verklingen. In wunderbarer Weise zeigt uns dies Psalm 139:

„Ich danke dir dafür, dass ich wunderbar gemacht bin; wunderbar sind deine Werke; das erkennt meine Seele.

Deine Augen sahen mich, als ich noch nicht bereitet war, und alle Tage waren in dein Buch geschrieben, die noch werden sollten und von denen keiner da war.

Von allen Seiten umgibst du mich und hältst deine Hand über mir.

Diese Erkenntnis ist mir zu wunderbar und zu hoch, ich kann sie nicht begreifen."

Ein besonderer Schöpfungsakt Gottes ist es, wenn er Menschen zu seinem Volk macht. So heißt es im Psalm 100,3 vom alttestamentlichen Gottesvolk: „Er hat uns gemacht und nicht wir selbst zu seinem Volk und zu Schafen seiner Weide." Aus diesem Grunde will Gott auch sein Volk bewahren und hält segnend seine Hände darüber. Als Israel durch den Pharao in Bedrängnis geriet, hat er es mit starker Hand aus Ägypten geführt und mit Manna und Wachteln in der Wüste versorgt. Als sie unter Wassernot litten, hat Mose auf Gottes Befehl den Felsen gespalten, und herrliches Quellwasser sprudelte hervor. Gott hat seinem Volk vor seinen Feinden den Tisch gedeckt, wie es der Psalm 23 aufgreift. „Du bereitest vor mir einen Tisch im Angesicht meiner Feinde."

Gottes Hände liegen auch voller Gnade und Liebe über den Elenden. Er leidet mit jedem Einzelnen, der in Angst und Bedrückung lebt. Mir ist die Hanna in der Bibel dafür ein Beispiel. Als sie schrecklich darüber verzweifelt ist, dass ihr der Kindersegen verwehrt ist und sie zudem noch von ihrer Nebenbuhlerin verspottet wird, ruft sie Gott um Hilfe an. Er erhört ihre Bitte und schenkt ihr einen Sohn, der sogar für Israel zum geistlichen Führer und Richter wird. Voller Jubel ruft Hanna nach der Geburt ihres Kindes aus: „Er hebt den Dürftigen aus dem Staub und erhöht den Armen aus der Asche" (1. Samuel 2,8).

Gott gebraucht sogar Raben als Werkzeuge in seinen Händen. Sie versorgen den hungrigen und verzweifelten Elias mit Nahrung. Ich wurde sehr eindringlich an diese Begebenheit erinnert, als ich am Schreibtisch saß und vor meinem Fenster einen Raben auf dem Birnbaum erblickte. Sein lautes Krächzen wurde mir zu einer wunderbaren Melodie in meinen Ohren und machte mir deutlich: Gott wird auch mich mit meiner großen Familie versorgen, wie er einst Elias versorgt hat. Seitdem liebe ich Raben und ihr lautes Krächzen besonders. Jedes Mal, wenn einer am Himmel fliegt oder sich auf dem großen Birnbaum vor meinem Fenster niederlässt, danke ich Gott. Freunde haben mich korrigiert und gesagt: Dies seien gar keine Raben, sondern Krähen. Aber für mich bleiben sie Elias Raben.

Wenn Hanna in ihrem Gebet noch sagt: „Der Bogen der Starken ist zerbrochen, und die Schwachen sind umgürtet mit Stärke", konnte sie noch nicht ahnen, wie sich dies mehr als vier Jahrhunderte später an Israel erfüllen sollte. Es war die schwerste Krise des Gottesvolkes, die es zu durchleiden hatte. Ein großer Teil der Israeliten war nach Babylon in die Gefangenschaft weggeführt worden. Für viele der Verbannten schwand jede Hoffnung auf Rückkehr. Besonders bedrückte sie die Tatsache, dass diese Gefangenschaft die Folge ihrer Abkehr von Gott war. Zusammen mit ihren Königen waren sie Gott lange Zeit ungehorsam gewesen und ihre eigenen, störrischen Wege gegangen. Aber der Herr zeigte wieder Erbarmen mit seinem geschlagenen Volk. Er sandte ihm einen Propheten, der ihnen Mut machte. Im Namen Gottes rüttelte er sie auf mit der eindringlichen Frage: „Ist nun meine Hand zu kurz geworden, dass ich nicht mehr erlösen kann?" (Jesaja 50,2). Er hat sie mit starker Hand in ihr Land zurückgeführt und auch dafür gesorgt, dass die zerstörte Stadt Jerusalem wieder aufgebaut werden konnte. Von Nehemia, der den Wiederaufbau entscheidend geleitet hat, heißt es: „Und ich sagte ihnen an die Hand Gottes, die gut über mir war" (Nehemia 2,18).

Wer aber sündigt und sich über Gottes Gebot hinwegsetzt, dem wird es ergehen wie einst König David. Gott ist treu und unerbittlich in seinem ernsten Reden zu den Menschen. Er will nicht, dass der Mensch in seiner Sünde und in seinem Trotz umkommt. So berichtet uns David in Psalm 32, wie schwer ihn die Gewissenslast drückte, nachdem er Ehebruch begangen hatte: „Denn deine Hand lag Tag und Nacht schwer auf mir, dass mein Saft vertrocknete, wie es im Sommer dürre wird" (Vers 4). Erst als er seine Sünde bekannte und um Vergebung bat, wurde er von aller inneren Not frei. Gott leitete ihn wieder mit seinen Augen. Wer Buße tut, der findet zum göttlichen Ursprung zurück. Das ist bis heute Gottes Wille.

Bis dahin blieb die Hand Gottes unsichtbar, wenn sie ihre Wirkung zeigte. Die Menschen konnten nur in ihrem Inneren erfahren oder es am äußeren Geschehen erkennen, wie Gott am Werk war. Dann aber hat es Gott gefallen, in seinem Sohn Jesus Christus seine Hand sichtbar und spürbar zu machen für alle, die ihm begegnen.

Wie gerne denke ich an Jesus und die Kinder im Neuen Testament. Diese Begegnung wird uns im Markusevangelium in Kapitel 10 berichtet. Mütter haben von Jesus, dem Heiland der Welt, gehört und bringen ihm ihre Kinder dar, dass er sie segnen möge. Die Jünger aber werden ärgerlich. Ihr Meister und Herr hat Größeres und Gewaltigeres zu tun, als sich mit Kindern und ihrem Geschrei abzugeben. Sie schimpfen und wollen die Mütter vertreiben. Jesus nimmt diesen Zwischenfall wahr und hindert seine Jünger daran mit den Worten: „Lasset die Kindlein zu mir kommen und wehret ihnen nicht; denn ihnen gehört das Himmelreich." Ja, er herzte sie und legte ihnen die Hände auf und segnete sie. Gibt es etwas Schöneres, als wenn wir solche Erfahrungen mit Jesus machen und unsere Kinder unter seinen Schutz gestellt werden?

Wunderbar und tröstend sind mir auch Jesu vergebende Hände. Wenn es sie nicht gäbe, müsste ich verzweifeln. Wie soll ich Gott begegnen, wenn er mir in stillen Stunden entgegentritt und mir meine Sünden vorhält? Muss ich da nicht vor ihm erzittern? Seine Stimme dröhnt mir in den Ohren: „Du elender Sünder. Mit deiner Schuld zerstörst du dein Leben. Wie kannst du mich nur so mit deinem Reden, Handeln und Tun beleidigen? Weißt du eigentlich, wer vor dir steht? Ich, der Höchste, der Gewaltige, der Allmächtige. Du aber lebst so, als ob es mich gar nicht gäbe."

In solchen Stunden werde ich bis ins Innerste erschüttert. Ich müsste verzweifeln, wüsste ich nicht um die offene Hand Jesu, die er mir entgegenhält und mir zuruft: „Kommet her zu mir alle, die ihr mühselig und beladen seid, ich will euch erquicken." Dann greife ich zu den Psalmen und hole mir aus dem Gebet des David Mut und Kraft für mein so aufgewühltes Herz. Ich flüchte mich in die Arme Jesu und bete:

„Gott, sei mir gnädig nach deiner Güte und tilge meine Sünden nach deiner großen Barmherzigkeit.

Wasche mich wohl von meiner Missetat und reinige mich von meiner Sünde.

Denn ich erkenne meine Missetat, und meine Sünde ist immer vor mir.

Lass mich hören Freude und Wonne, dass die Gebeine fröhlich werden, die du zerschlagen hast.

Verbirg dein Antlitz von meinen Sünden und tilge alle meine Missetat.

Schaffe in mir, Gott, ein reines Herz und gib mir einen neuen gewissen Geist.

Verwirf mich nicht von deinem Angesicht und nimm deinen Heiligen Geist nicht von mir.

Tröste mich wieder mit deiner Hilfe und mit einem freudigen Geist rüste mich aus" (Psalm 51 Verse 3-5 und 10-14).

Jesus hat am Kreuz seine Hände für mich durchbohren lassen. Nichts, gar nichts kann mich von meinem Herrn trennen. Am Kreuz hat er mich in seine Hände gezeichnet. Das ist Freude, und ich kann ihn darüber nur loben und anbeten.

Was mich beglückt

Eigentlich will ich an diesem Morgen tüchtig putzen und dem Staub den Kampf ansagen, war ich doch fast 14 Tage auf einer Freizeit unterwegs gewesen. Aber daraus wird nichts. Mein kleiner Enkelsohn kommt zu Besuch, und mit einem zweijährigen, quicklebendigen, süßen, kleinen Kerl würde mir diese Arbeit nicht ohne Aufregung von der Hand gehen. Da ist ein umgestoßener Wassereimer, der die Treppe herunterpurzelt, noch das geringste Übel. Viel schlimmer ist es, wenn unser Sprössling meint, mir helfen zu müssen, und dabei die Penatencreme auf die Sessel und Teppiche schmiert.

Beim letzten Kommen war Daniel ganz erstaunt, warum ich ihn bei seinem Tun so böse anschaute. Oma hat doch selbst versucht, mit weißem Seifenschaum die Flecken aus den weichen Polstern zu entfernen. Warum nur blickte sie jetzt so entsetzt drein?

Also, ich werde mir einen erholsamen, vergnügten Tag machen und mich mit meinem Enkel auf dem Spielplatz tummeln. So steige ich auf dem Klettergerüst rauf und runter, schaukele mit dem kleinen Knirps wild wie in Kindertagen durch die Lüfte, so dass Daniel vor Freude laut aufjuchzt. Ich spiele Verstecken, verkrieche mich hinter einem Busch von Heckenrosen, tanze und hüpfe, so dass mir dabei die Puste ausgeht. Je toller ich es mit ihm treibe, desto glücklicher ist der Kleine.

Den größten Spaß aber hat er, wenn ich aus meiner Tasche ein Überraschungsgeschenk heraushole und es im Gras oder hinter einem Baum verstecke. Findet er dann die Gummibärchen, dann klatscht er vor Lust in seine Patschhändchen. Wie im Nu vergehen die drei Stunden, und erleichtert, dass dieser Vormittag ohne Stürze und Tränen verlaufen ist, treten wir den Heimweg an.

„Komm, mein Schatz, jetzt darfst du wieder zu deiner Mama gehen. Ja?"

„Nein, Oma bleiben", stampft er mit dem Füßchen auf. Wie sehr hat mich dieser Satz erfreut, denn ich weiß, dass Daniel sonst immer lieber bei seinen Eltern bleiben will und es Tränen gibt, wenn ich das Kind einmal hüten soll. „Mama gehen, Papa gehen!", quengelt der Junge dann.

Also mein Toben, Tummeln, Scherzen und Tanzen sind von Erfolg gekrönt. Daniel mag mich! Eine solche Erfahrung erfreut jedes Großmutterherz. Ich gehe in die Küche, koche meinem Enkel ein kräftiges Hühnersüppchen, rühre noch einen Pfannkuchenteig und staune über den guten Appetit von Daniel.

Als dann eine halbe Stunde später seine Mama durchs Hoftor kommt, hebe ich das Kind ans Fenster. „Mama, Mama!", klopft er mit seinen Händchen an die Scheiben. Sie hinterlassen auf den frisch geputzten Fenstern einen gut sichtbaren Abdruck.

Ach, wie wertvoll sind mir die kleinen Finger auf der Fensterscheibe. Ich nehme einen roten Filzstift und male ein Herzchen drum herum. Es sind die Hände meines Enkelsohnes. Er hat seiner Oma einen herrlichen, vergnügten Morgen bereitet. Ich bin zutiefst glücklich.

Und während ich dies niederschreibe, kommen mir wieder Hände in den Sinn: raue, rissige, kräftige Hände. Es sind die Hände meiner Großmutter, die von viel Arbeit, Mühe und Entbehrung geprägt waren. Hautpflegemittel hat meine Großmutter nie gekannt.

Es sind Hände, die sich vom frühen Morgen bis zum späten Abend abgemüht haben. Einem großen Hof stand Großmutter vor. Zwölf Kindern – sechs Jungen und sechs Mädchen – hat sie das Leben geschenkt. Allein 20 Enkel nannte sie ihr Eigen. Es waren Hände, die darauf bedacht waren, wohl zu tun und zu helfen. Ach, wie freute ich mich, wenn Großmutter zu Besuch kam. Dann übernahm sie das Spülen und Abtrocknen in der Küche, und wir Kinder konnten gleich auf den Hof zum Spielen gehen. Ihre Hände ruhten fast nie, und wenn sie sich mal hingesetzt hatte, um ein wenig zu verschnaufen, dann holte sie sich immer gleich einen Strickstrumpf hervor. Nur ab und zu rutschte der Strumpf auf den Schoß, wenn sie für ein paar Minuten eingenickt war. Ich habe sie einmal gefragt: „Großmutter, wie viele Strümpfe hast du eigentlich in deinem Leben gestrickt?"

„Oh Kind, das kann ich dir nicht sagen, aber so eine Stube voll wird's wohl schon gewesen sein."

Großmutter konnte auch wunderbar backen. Ihr

Streuselkuchen mit Krümeln aus reiner Butter ließ einem das Wasser im Mund zusammenfließen. Kurz vor Weihnachten stellte sie immer Bonbons aus Sahne, Zucker und Kakao her. Wir Kinder standen um sie herum, und wenn mal ein Blech mit dieser Creme aufgestrichen war, schnitt sie die Randstückchen ab und steckte sie uns in den Mund. Wir waren aus ihrer Nähe gar nicht wegzukriegen. Backte sie Plätzchen, dann bekamen wir Kinder immer ein Stück Teig und stachen Herzchen, Sterne und Glocken aus.

Am allermeisten liebten wir den Morgen, wenn wir auf kleinen Stühlchen und kuscheligen Kissen vor ihr saßen und Großmutter herrliche Geschichten erzählte. Dabei flocht sie uns die langen Zöpfe. Es waren immer biblische Erzählungen aus dem Alten und Neuen Testament. Ach, wie bangte ich mit Abraham, als er nach Morija zog, um auf Gottes Geheiß seinen Sohn auf dem Altar zu opfern. Das Herz krampfte sich in mir zusammen, wenn ich daran dachte, dass der kleine Isaak sterben sollte, und befreit atmete ich auf, als ein Engel kam, seine Hand ausstreckte und befahl: „Leg deine Hand nicht an den Knaben!" An Stelle des Sohnes wurde dann ein Widder getötet. Das waren herrliche Geschichten, die uns in die Welt der Bibel einführten. Wenn die letzte von uns Enkelinnen mit Kämmen fertig war, dann machten sich die ersten wieder ihre Haare ganz strubbelig, nur damit das Erzählen von vorne beginnen konnte.

Liebevoll strich uns Großmutter oft mit ihrer Hand

über unsere Köpfchen und beruhigte uns, wenn wir mal Angst hatten: „Kinder, denkt immer daran, der Heiland ist da, und ihm gehorchen alle Mächte des Verderbens." Wunderbar, wie Großmutter erzählen konnte.

Aber ich würde etwas ganz Wesentliches auslassen, wenn ich an dieser Stelle nicht auch von Jesu Händen spräche. Es sind Heilandshände voller Liebe, Erbarmen und Verstehen. Am Kreuz auf Golgatha streckte Jesus sie segnend über mir aus. Für mich wurden sie dort am Fluchholz durchbohrt. Meine Sünde und meine Schuld haben diesen schrecklichen Tod verursacht. Damit ich leben könnte, ewig leben. Ich bin in seine Hände gezeichnet, und nun kann keine Macht der Welt mich aus diesen Händen reißen. Jesu Hände sind stark. Sie sind segnend über mir ausgebreitet. In ihnen bin ich geborgen, und alle Ängste kommen zur Ruhe. Diese Hände tragen mich, wenn keine menschliche Hand mich mehr fassen kann. Sie halten mich, wenn ich schwach, elend und bedürftig bin. Sicher führen sie mich zum Ziel, und das heißt: Herrlichkeit bei Gott.

Ist es da verwunderlich, dass ich gern dieses alte Lied singe?

*„So nimm denn meine Hände und führe mich
bis an mein selig Ende und ewiglich.
Ich mag allein nicht gehen, nicht einen Schritt,
wo du wirst gehn und stehen, da nimm mich mit.*

*Wenn ich auch gleich nichts fühle von deiner Macht,
du führst mich doch zum Ziele auch durch die Nacht:
so nimm denn meine Hände und führe mich
bis an mein selig Ende und ewiglich."*

So liebe ich die kleinen Patschhände meines Enkelkindes. Voll Dankbarkeit will ich mich an Großmutters so zerfurchte, abgearbeitete, warme, wohltuende Hände erinnern. Im Glauben aber will ich mich an die starken, segnenden, heilenden Hände Jesu halten. Sie bergen mich in dieser Zeit und stoßen das Tor zum Himmel weit auf. Von Jesu Händen werde ich dann in Gottes neue Welt geleitet.

Die Kunst des Redens und Schweigens

„Im Frieden alt werden ist nichts für geschwätzige Leute." Diesen Satz hörte ich einmal und habe ihn mir zu Herzen genommen. Genau das muss ich lernen: Schweigen und noch einmal schweigen, sagte ich mir.

Ich glaube, dass ich dieses im Laufe meines Lebens recht gut gelernt habe; denn zu meinen fünf Kindern, vier Schwiegerkindern und 13 Enkeln habe ich mir ein gutes Verhältnis bewahrt. Dafür habe ich auch tüchtig Lehrgeld bezahlt.

Ich erinnere mich noch sehr gut daran, wie unser ältester Sohn heiratete. Binnen einer Woche schaffte er sein zweites Examen, heiratete und fuhr in seine Gemeinde, um sich als neuer Pfarrer den Kirchenältesten vorzustellen und die Wohnung anzuschauen. Da ich von Natur aus an allem interessiert bin, wäre ich gerne mit ins Auto gestiegen, um zu sehen, wo nun der neue Wirkungsbereich meines Sohnes sein würde. Aber mir war bewusst, dass mir dies jetzt nicht zustand. Also blieb ich zu Hause. Hätte aber unser Sohn nur ein Wort zu mir gesagt, ich wäre sofort in seinen Polo eingestiegen.

Doch als Gottfried am Abend wieder zu uns kam und mir den Plan seiner neuen Wohnung zeigte, war ich in meinem Element. Im Nu hatte ich alle Zimmer eingerichtet und hielt mit meinen Plänen nicht hinter dem Berg. „Gottfried, das große Zimmer macht ihr zu eurem Wohnzimmer, das kleine Zimmer kann sich Elisabeth als Arbeitszimmer nehmen, und in der Küche stellt ihr den Kühlschrank rechts an die Wand, den Herd neben die Spüle, die Eckbank unter das Fenster, und dann gebe ich euch noch meinen braunen Küchenschrank mit und, wenn ihr wollt, meine alten Gardinen." Unsere frisch angetraute Schwiegertochter stand dabei und sah mich entrüstet an. Ich merkte, wie ihr Gesicht immer länger wurde. Da trat unser Sohn auf mich zu, nahm mich in den Arm und sagte: „Mutter, du bist die beste Mutter der Welt, du redest uns überhaupt nicht drein; aber für jedes Problem hast du mindestens drei Lösungen bereit."

Mir war sofort klar, wie töricht ich mich verhalten hatte. Ist dies nun meine Aufgabe mitzubestimmen, wie sich das junge Paar einrichtet? Will es überhaupt meine alten Möbel haben oder lieber sein Geschirr in Apfelsinenkisten stellen? Ich wusste auch nicht, ob es sich Gardinen vor die Fenster hängen will. All dies war nun nicht mehr meine Angelegenheit. Ich musste mir sagen: „Lotte, wenn du mit deinen Kindern nicht im Clinch leben willst, dann lerne zu schweigen und nochmals zu schweigen." Als Rednerin fällt mir dies natürlich nicht ganz leicht. Aber ich habe den Vorsatz beherzigt, habe schweigen gelernt und ein herzliches Verhältnis zu meinen Kindern bewahrt.

Der Besuch der Schwiegertochter

Vor kurzem kam die junge Familie zu Besuch. Ich erzählte meiner Schwiegertochter, dass ich ernstlich krank gewesen sei und übers Wochenende keinen Arzt erreichen konnte. Mir ging es sehr schlecht, und die Herzbeschwerden machten mir das Atmen schwer. Elisabeth war sehr bestürzt.

„Mutter, warum hast du mich nicht gerufen? Ich wäre gekommen und hätte dir geholfen."

„Aber Elisabeth, wie hätte ich dies tun können? Ihr wohnt hundert Kilometer von uns entfernt."

„Mutter, rufe mich sofort an, wenn es dir wieder schlecht gehen sollte. Ich helfe dir gern. In eineinhalb Stunden bin ich bei dir."

Mich hat die Hilfsbereitschaft meiner Schwiegertochter sehr erfreut. Aber im Nachhinein überlegte ich, dass es vielleicht doch besser war, sie nicht herbeizurufen. Sie ist nämlich von Beruf Chirurgin und operiert schrecklich gern. Das Skalpell hält sie fest im Griff. Sie stammt nämlich aus einer Metzgerfamilie.

Nils und seine erste Rechenarbeit

Aber nicht immer ist Schweigen angebracht. Es gibt auch Situationen, wo ich reden und handeln muss. Das wurde mir bei einem unserer Enkel bewusst. Ich kam gerade dazu, als Nils seine erste Rechenarbeit im zweiten Schuljahr nach Hause brachte. „Vier minus", hatte die Lehrerin ins Heft geschrieben. Dass auf der Rückseite des Arbeitsheftes auch noch einige Aufgaben standen, hatte der kleine Kerl gar nicht gemerkt. Seine Mutter war schrecklich aufgeregt und schimpfte ihn tüchtig aus. „Habe ich dir nicht gesagt, dass du mehr lernen musst? Du musst dich besser auf die Aufgaben konzentrieren. Pass nur auf, dass du nicht noch sitzen bleibst. Fußballspielen hast du im Kopf, und die Schule vergisst du manchmal ganz."

Der Knirps stand ratlos da. Die Tränen rannen ihm über die Wangen. Mir tat der Junge sehr Leid. Ich ging auf ihn zu, legte meinen Arm auf seine Schulter und tröstete ihn: „Nils, sei nicht traurig. Denk daran, deine Oma hat sogar im Abiturzeugnis in Mathematik eine Fünf gehabt." Der kleine Kerl schaute mich ganz verdutzt an und meinte: „Oma, du eine Fünf! Und du bist doch Schriftstellerin geworden?"

„Ja, Nils, so schlecht war ich, aber nur in diesem einen Fach. In Deutsch und in Fremdsprachen war ich viel besser. Doch bei dir wird sich die schlechte Note bald ändern. Ich lade dich ein, jeden Abend um sechs Uhr zu mir zu kommen. Dann üben wir Rechnen, Lesen und Schreiben. Und damit dir das Lernen richtig Spaß macht, belohne ich dich jedes Mal mit einem Euro. Ist das so in Ordnung für dich?"

„Oma!", rief er aus und drückte mich ganz lieb. „Meinst du, dass ich jedes Mal einen Euro bekomme?"

„Aber natürlich."

Das Geld lockte den kleinen Mann.

Seitdem sitzen wir nun schon eineinhalb Jahre jeden Abend, an dem ich zu Hause bin, zusammen, lernen das Einmaleins, üben Diktatschreiben und lesen die wunderbarsten Bücher. Nach etwa einem Vierteljahr erhielt ich einen Brief von seiner Klassenlehrerin. Er war adressiert: An die Leseomi. Darin bedankte sich seine Lehrerin für alle meine Bemühungen. In den Rechenarbeiten und Diktaten stand unter seinen Arbeiten immer „gut". Er ist auch zum besten Leser in der Klasse geworden. An Weihnachten hat er beim Krippenspiel mitgewirkt. Von überall erntete Nils ein kräftiges Lob. Er hatte nicht nur seine Rolle auswendig gelernt, sondern auch die Texte seiner Mitspieler. So konnte er auch als Souffleur einspringen, wenn einer seiner Kameraden stecken geblieben war. Außerdem hatte er seine Rolle mit guter Betonung vorgetragen. Mir war zumute, als wäre ich der Joseph an der Krippe gewesen. So sehr freute ich mich.

In dieser Lage war es sicher gut, dass ich, was das Lernen betrifft, nicht schweigend zugesehen, sondern ein Wörtlein mitgeredet habe; denn der Erfolg blieb ja nicht aus.

Trösten ist meine Aufgabe

Aber ich kenne auch das Reden und Schweigen bei gleicher Situation. Unsere Schwiegertochter wusste, dass ihr Vater ernstlich erkrankt war. In dieser Zeit besuchten wir die junge Familie sehr oft, um ihr in ihrem Leid beizustehen. Ich erinnere mich noch an einen Abend, als Silvia erfuhr, dass der Krebs nicht mehr zu besiegen war. Mit dieser Nachricht hatte sie nicht gerechnet. Sie hatte bis zuletzt gehofft, Gott würde ein Wunder tun und ihr Vater würde überleben. In rasendem Schmerz schrie sie auf: „Mein Papa, mein Papa, ich habe ihn doch so lieb!" Unser Sohn nahm seine Frau in den Arm und ließ sie ihren Schmerz an seiner Brust hinausschreien. Mein Mann und ich saßen still da und redeten kein Wort. Was hätten wir auch sagen sollen? Jedes Wort war zu viel. Silvia musste dieses Weh durchleiden.

Ich weiß nicht mehr, wie lange wir zusammengesessen haben. Waren es eine Stunde oder zwei? In stiller Fürbitte harrten wir vor Gott aus. Dann sagte mein Mann behutsam und leise: „Silvia, wir wollen das Unbegreifliche vor unseren himmlischen Vater bringen." Wir falteten die Hände, und mein Mann betete: „Vater im Himmel, erschütternd ist der Tod. Er reißt auseinander, was zusammengehört. Aber wir wissen aus deinem Wort, dass er nie das letzte Wort behalten wird. Durch die Auferstehung Jesu Christi, deines Sohnes, dürfen wir daran festhalten, dass der

Tod am Ostermorgen besiegt wurde. Jesus ist auferstanden. Du versprichst allen, die an dich glauben, ewiges Leben und stößt das Himmelstor weit für uns auf. Wir danken dir für diese Hoffnung. Amen."

Danach drückten wir Silvia fest die Hand und verabschiedeten uns. Am Beerdigungstag hielt mein Mann die Traueransprache.

So gehören Reden und Schweigen eng zusammen und vor allem die Weisheit, beides zur rechten Zeit zu üben.

Nur nicht ärgern

Mit Mirko hatte ich von Anfang an erhebliche Schwierigkeiten. Er hatte bei uns ein möbliertes Zimmer gemietet und ging nicht gerade pfleglich mit Sessel, Tisch und Schrank um. Er hatte auf der Straße gelebt, seit er mit seinem Stiefvater in Streit geraten war. Aber nun war es Oktober geworden, und die Nächte waren frostig kalt. Er brauchte dringend ein Dach über dem Kopf. Da mir der Bursche Leid tat, verschaffte ich ihm eine Bleibe.

Aber schon bald traten Querelen auf. Hatte er am Ende des Monats kein Geld mehr, dann griff er schon mal im Kühlschrank nach Milch, Brot und Butter von anderen Mitbewohnern, die auch auf seinem Flur wohnten. Ich musste dann immer die Streitereien schlichten und ersetzte den Mietern die Lebensmittel. Der Diebstahl war Mirko nicht nachzuweisen.

Einer Mieterin waren mal 20 und ein anderes Mal sogar 70 Euro aus der Geldtasche abhanden gekommen. Mirko hatte die alte Dame mit einem Kaffee beglückt, und hinterher bemerkte sie, dass ihr das Geld fehlte. Für Frau Baumann war der Verlust schmerzlich. Sie lebte von Sozialhilfe. So bat uns die alte Dame, ob wir ihr nicht das Geld verwalten könnten, da wir ja sowieso ihre Einkäufe tätigten. Sie war gehbehindert und konnte ihre Wohnung nicht mehr verlassen.

Nun war es Frühling geworden, und in Mirko regte

sich der Wandertrieb. Es zog ihn wieder zurück in ein Leben in freier Wildbahn. Ohne rechtzeitig zu kündigen, stand er eines Morgens vor mir und warf mir die Schlüssel vor die Füße. Er begann laut zu schimpfen und mich zu beleidigen. Dabei fielen harte Worte: „Sie wollen Christen sein und bestehlen eine alte Frau! Keinen Pfennig haben Sie Frau Baumann in ihrem Portmonee gelassen. In Ihrem Haus will ich nicht länger wohnen. Ich kündige mein Zimmer fristlos. Außerdem will ich Ihnen noch sagen, dass ich den Teppichboden entsorgt habe. Die Rotweinflecken ließen sich nicht mehr entfernen. Und nun gehe ich und werde Ihr Haus nie mehr betreten. Tschüss!"

Ich stand wie angewurzelt da. Sein Redeschwall hatte mir die Sprache verschlagen. Erst als Mirko gegangen war, begriff ich, welchen Schaden er mir mit dem herausgerissenen Teppichboden zugefügt hatte. Ich war empört und über mich selbst verärgert. Warum habe ich Mirko nicht zur Rechenschaft gezogen? Warum habe ich mir seine Beleidigungen gefallen lassen? Ich hätte mich wehren und ihm kräftig die Meinung sagen sollen. Um mich zu beruhigen, setzte ich mich in den Sessel und schlug die Losung auf. Das Wort für den Tag traf genau meine Situation. So las ich:

„Antworte dem Narren nicht nach seiner Narrheit, dass du ihm nicht auch gleich werdest" (Sprüche 26,4).

Ich dachte diesem Wort nach, und dieser Vers beruhigte mich. Ich dankte Gott für die neue Lektion, die er mich gelehrt hatte, und segnete Mirko im Namen Jesu Christi.

Vater, hier bin ich

Ein schreckliches Erdbeben erschütterte im Jahre 2005 die Länder Pakistan und Afghanistan. Viele Dörfer wurden durch Erdrutsche unter Fels und Schlammmassen begraben. In manchen Ortschaften gab es kein einziges Haus, das nicht bis auf die Grundfesten zerstört wurde. Viele Tote waren zu beklagen, und die Menschen versuchten, unter den Trümmern ihre Lieben herauszuholen. Dabei haben sie auch Wunder erlebt. Ein kleines Mädchen konnte noch nach sieben Tagen lebend aus den Gesteinsmassen geborgen werden.

Besonders schwer war eine Grundschule betroffen. Von einem Augenblick zum anderen waren alle Schüler und Lehrer unter den zusammenbrechenden Mauern begraben worden. Die Eltern rannten zur Schule und standen fassungslos vor dem schrecklichen Trümmerhaufen. Ein Vater erinnerte sich an sein Versprechen, das er einmal seiner Tochter gegeben hatte: „Was auch immer passieren wird, du sollst wissen, ich bin immer für dich da."

Auch wenn ihm dieser entsetzliche Anblick fast das Herz brach, so fasste er doch Mut. Er begann, mit bloßen Händen die Steinhaufen wegzuräumen. Andere Väter und Mütter schlossen sich ihm an. So trugen sie Steine, Balken, ja ganze Mauerstücke weg und suchten nach ihren Kindern. Die Hände bluteten schon, und sie waren müde und erschöpft. Aber sie gaben nicht auf. Der Satz: „Ich werde immer für dich da sein", forderte den Vater besonders heraus. Er schuftete und kämpfte bis fast zum Umfallen. Die anderen Väter und Mütter ließen sich von ihm anstecken. Auch wenn sie selbst bei dieser harten Arbeit Wunden davontrugen, ließen sie nicht locker.

Und dann geschah das Wunder. Nach 42 Stunden hörte der Vater das leise Stimmchen seines Töchterchens: „Papa, ich bin hier!" Dieser Satz des Kindes mobilisierte die letzten Kräfte bei den Schaffenden. Sie wussten: Unter diesen Steinen liegen unsere Kinder, und wahrscheinlich leben sie noch. Was fast unmöglich schien, wurde wahr. Alle Kinder konnten gerettet werden, wenn auch einige schwer verletzt waren. Das kleine Mädchen aber sagte seinem Vater, als er es auf seinen Armen nach Hause trug: „Papa, ich habe den anderen immer gesagt: ‚Habt keine Angst, mein Papa holt uns hier heraus.'"

Diese Geschichte hat mich nachdenklich gemacht. Mir wurden Situationen bewusst, in denen mich auch mein himmlischer Vater aus dem Schlamassel gezogen hat. Ich wurde an Jesus erinnert, Gottes einzigen Sohn, den er zur Rettung für uns Menschen gesandt hat. Aus wie vielen Bedrängnissen wurde ich schon befreit. Wie ein Freund auf dem Weg begleitet er mich täglich. Erlebe ich Augenblicke des Glücks, dann darf ich mich mit ihm freuen und jubeln. Stecke ich in einer Krise, dann rufe, ja schreie ich zu ihm.

Er hört mein Beten, mein Heulen und erbarmt sich über mich.

Ich bin Mutter einer großen Familie und leite erfolgreich ein „kleines Familienunternehmen als Seniorchefin" mit meinen fünf Kindern, vier Schwiegerkindern und 13 Enkeln. Da bleibt es nicht aus, dass mich der Alltag stark herausfordert und mich öfters auch Schreckensnachrichten erschüttern. Ich wüsste nicht, wie ich standhaft durchs Leben kommen könnte, wenn ich nicht Jesus, meinen treuen Herrn kennen würde.

Der nächtliche Einbruch

Gerade als ich diese Zeilen schreiben wollte, rief mich meine Tochter an:

„Mutti, bei uns ist heute Nacht eingebrochen worden. Zwei Computer sind gestohlen, dazu Bargeld, die Brieftasche mit wichtigen Papieren und zwei Aktenmappen. Was sonst noch alles fehlt, wissen wir noch nicht."

Fast kann man es nicht begreifen, welche Dreistigkeit diese Einbrecher besessen haben. Nebenan im Zimmer schlief meine Tochter mit ihrem Mann. Die Tür zum Arbeitszimmer stand offen, und doch wagten es die Räuber, mit einem Bohrer drei Löcher in das Fenster zu treiben, um es so zu öffnen. Dann stiegen sie in die Wohnung ein. Zum Glück blieb der

Computer meiner Tochter unentdeckt. Der Laptop steckte in einer Tasche, die im Flur abgestellt war. Anne Ruth atmete tief durch, als sie die Aktentasche sah; denn sie arbeitet in einem christlichen Verlag und hatte wichtige Daten gespeichert. Der Verlust wäre kaum zu ersetzen gewesen.

Ich besuchte die junge Familie noch am gleichen Tag, tröstete sie und teilte an meine Enkel Schmerzensgeld aus. Bei ihnen saß der Schock besonders tief, und sie weinten. Ich konnte nur sagen: „Seid froh, dass keiner von euch in der Nacht wach geworden ist. Die Räuberbande hätte euch zusammenschlagen können."

So dankten wir Gott für alle körperliche Bewahrung.

Emanuels Sturz

Jeden Morgen nehme ich mir eine Auszeit, um für meine fünf Kinder mit ihren Ehepartnern und für die 13 Enkel zu beten. Ich weiß, ich selber kann sie nicht bewahren, aber Jesus ist mein Freund und guter Hirte.

Während ich dies schreibe, werde ich an den kleinen Emanuel erinnert. Er ist erst wenige Wochen alt. Unser Sohn ging mit seinen Kindern spazieren. Die Dreijährige thronte auf seinen Schultern, und der Fünfjährige durfte den Kinderwagen schieben. Plötzlich rannte Cornelius los und stürzte dabei auf den Bürgersteig. Der Kinderwagen entglitt ihm aus den Händen und fuhr in einem rasanten Tempo weiter, bis er an einer Mauer umkippte. Die Angst des Vaters brauche ich nicht zu beschreiben. Wie durch ein Wunder war dem Säugling gar nichts passiert. Er lag in dicken Decken und Kissen eingehüllt auf dem Pflaster. Emanuel schrie nur kräftig, weil ihn der Sturz sehr erschreckt haben musste. Neben ihm stand der große Bruder. Auch ihm liefen die dicken Tränen über die Wangen. Er fühlte sich schuldig.

„Papa, ich wollte nicht, dass der Kinderwagen kippt."
Aber auch hier war alles gut ausgegangen.

Nils spielt Frisör

Oder ich werde an Nils erinnert. Er war vier Jahre alt und wollte Frisör spielen. Sein kleines Schwesterchen musste herhalten. Nur hat Nils mit der Schere nicht die Haare erwischt, sondern Rebeccas Ohrläppchen. Ein tüchtiger Arzt im Klinikum hat es dann glücklicherweise wieder nähen können.

So könnte ich Beispiel an Beispiel reihen. Ja, ich weiß, Jesus, der Gottessohn, steht meiner Familie bei und begleitet uns täglich als der gute Hirte auf unseren Wegen. Wie heißt es doch in Römer 8,38-39?

„Denn ich bin gewiss, dass weder Tod noch Leben, weder Engel noch Fürstentümer noch Gewalten, weder Gegenwärtiges noch Zukünftiges, weder Hohes noch Tiefes noch kein anderes Geschöpf uns scheiden kann von der Liebe Gottes, die in Christus Jesus ist, unserem Herrn."

Und Paul Gerhardt, der wunderbare Liederdichter, im Leid erfahren, tröstet mit diesem Vers:

„Warum sollt ich mich denn grämen?
Hab ich doch Christus noch,
wer will mir den nehmen?
Wer will mir den Himmel rauben,
den mir schon Gottes Sohn
beigelegt im Glauben?"

Unser Manni

Manni – eigentlich hieß der junge Mann Manfred – wurde uns mit diesem Namen von seinem Betreuer vorgestellt. Er sollte, da er ja in drei Monaten das 18. Lebensjahr erreichen würde, lernen, auf eigenen Füßen zu stehen. Zeit seines Lebens war er in Kinderheimen aufgewachsen, und schon kurz nach seiner Geburt wurde er direkt von der Klinik treuen Schwestern im Heim übergeben. Zwölf Geschwister von verschiedenen Vätern gehörten zu dieser Familie. Seine eigenen Eltern hat er selbst nie kennen gelernt. Später ist es ihm gelungen, zwei seiner Schwestern und einen Bruder ausfindig zu machen; aber eine bleibende Beziehung ist daraus nicht entstanden. Sie blieben ihm weitgehend fremd.

Manni hatte eine Stelle als Hilfsarbeiter im Straßenbau gefunden, und für diesen Beruf war er hervorragend geschaffen. Stark war er, hatte Arme wie Arnold Schwarzenegger und ein Kreuz, hinter dem ich mich zweimal verstecken konnte. Wenn er sich bei mir bedanken wollte, weil ich ihm eine Waschmaschine schmutziger Berufskleidung gewaschen hatte, dann nahm er mich in die Arme und drückte mich so fest an sich, dass ich abwehrte: „Manni, lass mich am Leben!" Seine Kindheit war recht freudlos gewesen. Kaum hatte er sich in einem Kinderheim eingewöhnt, wurde er wieder in ein anderes verfrachtet. Warum dies so gehandhabt wurde, ist mir unerklärlich. So konnte er sich nirgends richtig heimisch fühlen. Von der normalen Grundschule wurde er an eine Sonderschule für Sprachbehinderte überwiesen. Er stotterte gewaltig, und weil ihm kaum einer zuhören wollte, zog er sich mehr und mehr in sein Schneckenhaus zurück. Schließlich redete er fast gar nichts mehr. Da ich selbst ein sprachgestörtes Kind hatte, wusste ich, wie ich mit ihm umgehen musste. Wenn Manni nach der Arbeit zu mir in die Küche kam, setzte ich mich gerne zu ihm, schälte Äpfel oder stopfte Strümpfe und signalisierte ihm damit: Manni, ich bin ganz für dich da. So taute er mit der Zeit auf, und es gelang mir allmählich, ihn aus seiner Sprachlosigkeit herauszulocken. Ja, er gewann regelrecht Freude daran, mir zu erzählen, wie viele schwere Betonrohre er heute verlegt hatte und dass er sogar am Vormittag eingesetzt wurde, den Straßenverkehr zu regeln. Wegen einer verengten Fahrbahn musste er immer abwechselnd die Autos nur aus einer Richtung durchlassen. Wenn er von Autos sprach, geriet er ins Schwärmen. Wie gerne hätte er auch den Führerschein erworben. Aber Manni war Analphabet und traute sich die Prüfung nicht zu. Lesen und Schreiben hat er nie begriffen. Im Rechnen dagegen war er gut. Das machte mich stutzig.

Eines Tages ermutigte ich ihn: „Manni, ich glaube, du schaffst es, Lesen und Schreiben zu lernen. In der Volkshochschule werden Kurse angeboten. Ich melde dich an." Manni war damit einverstanden. In meiner

Freizeit setzten wir uns in mein Arbeitszimmer, und ich begann, mit ihm die Lektionen zu wiederholen. Üben, üben und nochmals üben muss zum Erfolg führen, sagte ich mir. Diese Erfahrung hatte ich schon bei meinen Kindern machen dürfen. Dabei beobachtete ich, dass der junge Mann gar nicht unbegabt war. Er war in der Schule nur stark vernachlässigt worden. Und das hing wohl mit seinem Stottern zusammen. Manni machte Fortschritte. Schon bald konnte ich mit ihm Kinderbücher in größerer Schrift lesen, und er war stolz auf seinen Erfolg. Bisher hatte sich der junge Mann in die Ecke der Dummen gedrängt gefühlt.

Nun gewann er Hoffnung. Er fing an zu sparen, damit er das Geld für den Führerschein zusammenbekam. An den Wochenenden saß ich bei ihm im Zimmer, und wir machten Kreuzchen auf die Fragebögen. Immer wieder übten wir die Vorfahrtregeln. Autofahren selbst konnte er schon, bevor er sich zur Fahrschule anmeldete. Freunde hatten ihm auf freien, nicht öffentlichen Plätzen gezeigt, wie man einen Wagen lenkt.

Stolz zeigte er mir dann das so lang ersehnte Dokument. Nun konnte er sich in die Gruppe der Autofahrer einreihen. Und schon ein halbes Jahr später kaufte er sich einen gebrauchten Opel Astra. Als ich einmal vom Bahnhof abgeholt werden wollte, stand Manni am Bahnsteig. Er hatte sich extra umgezogen und sich dafür in Schale geworfen. Er packte meine beiden schweren Koffer, als wären bloß Federn darin und keine Bücher, und kutschierte mich stolz nach Hause. Ich drückte ihm 10 DM in die Hand. Er wehrte ab: „Von Ihnen nehme ich doch kein Geld, Frau Bormuth." Ich aber steckte es in seine Jackentasche.

Die nächste Anschaffung, die Manni tätigte, war ein Computer, und er verstand es ausgezeichnet, ihn zu handhaben. Jetzt war er ja kein Analphabet mehr.

Im Sommer feierten wir die Hochzeit unserer Tochter. Manni gehörte auch zu unseren Gästen. „Noch nie habe ich an einem Fest teilgenommen", erzählte er mir. Ich holte ein weißes Hemd, einen Anzug und die passende Krawatte aus dem Schrank meines Mannes. „Probier mal, ob dir die Sachen passen."

„Wie angegossen, Frau Bormuth."

„Hast du auch ein paar ordentliche Schuhe, denn damit kann ich dir leider nicht dienen."

„Klar, Frau Bormuth, ich habe alles."

Als wir in der Kirche ankamen, sah ich Manni bei unserem Sohn stehen. Ich erschrak, als ich auf seine Schuhe schaute. Später sagte mir ein Kollege meines Mannes: „Ich habe mich über den fremden jungen Mann sehr gewundert und mich gefragt, ob er wohl auch einer Ihrer Söhne ist. Oben sah er aus wie ein Professor mit passendem Schlips und Krawattennadel gekleidet, aber unten wie ein Müllfahrer. Dabei war er doch zur Hochzeit geladen."

Manni hatte einfach seine Arbeitsschuhe angezogen und sie vorher noch nicht einmal geputzt. Teer und

Straßenschmutz klebten am Leder. Zum Glück blieb mir nicht viel Zeit, mich über Mannis Aufzug zu ärgern, denn die Glocken der Kirche begannen schon zu läuten. Schließlich soll man ja auch das äußere Erscheinungsbild nicht so wichtig nehmen. Was soll's, sagte ich mir, Hauptsache unser Gast ist glücklich, auch wenn seine Sohlen Dreckklumpen auf dem Parkett hinterlassen. Manni sollte sich heute von Herzen freuen; denn eine Hochzeit hatte er noch nie erlebt. Als dann nach der Trauung die Feier in einem schön geschmückten Gemeindesaal stattfand, war Manni der Erste, der am Kuchenbüfett stand und sich die große Auswahl von Torten und Kleingebäck schmecken ließ. „Es war mein schönster Tag", gestand mir unser Gast. „Alle Menschen waren so freundlich zu mir. Das Essen war super, und am meisten hat es mir Spaß gemacht, dass ich mit Ihrem Sohn Gottfried nach dem Kaffeetrinken das Kinderprogramm gestalten konnte."

Manni blieb fast zehn Jahre bei uns. Später hat er sich eine größere Wohnung gemietet. Er verdiente recht ordentlich und konnte es sich leisten. Ab und an schaute er noch bei mir rein. „Geht es Ihnen noch gut, Frau Bormuth?" Über so viel Anteilnahme konnte ich mich nur freuen. Am meisten aber machte es mich glücklich, dass Manni Lesen und Schreiben gelernt hatte und auch sein Stottern fast überwinden konnte. Er fühlte sich von unserer Familie angenommen.

Der Rabe Ey du

Seltsam klingt die Geschichte vom Raben – halt, ich darf ja seinen Namen noch nicht nennen. Also eine merkwürdige Geschichte, die von einem außergewöhnlichen Raben handelt. Er war gerade mit einer toten Maus im Schnabel auf unserer Terrasse gelandet. Jetzt wollte er sich ganz genüsslich sein Mittagsmahl schmecken lassen, als ihn plötzlich ein Steinchen traf, das von einem Fahrzeug hochgeschleudert worden war. Obwohl der Stein nicht groß war, traf er den Raben doch so hart, dass er davon ohnmächtig wurde. Als er nach einer gewissen Zeit aufwachte, tat ihm eigentlich nichts weh. Er torkelte zwar ein bisschen, flog dann aber auf eine alte Eiche zu, die noch aus uralten Zeiten am Wegrand stand. Da saß er nun auf dem Ast und dachte darüber nach, dass ja das Glück auf seiner Seite war. „Tot hätte ich sein können, mausetot. Ich hätte mir auch einen Flügel brechen können. Das Unheil ist wirklich noch einmal an mir vorübergegangen." Mit dankbarem Herzen schaute er auf die Wiese hinunter.

Ein Eichhörnchen kam hergesprungen, direkt auf ihn zu. „Hallo!", begrüßte ihn das Eichhörnchen.

„Hallo!", antwortete ihm der Rabe.

Schnell wie ein Wiesel war das Eichhörnchen zu ihm auf den Ast gesprungen. „Ich heiße Amanda", stellte sich das Eichhörnchen vor.

„Und ich ..." Plötzlich stockte der Rabe. „Ich heiße ..." Aber sein Name wollte ihm nicht in den Sinn kommen. Mit seiner Kralle kratzte er sich am Kopf. *Komisch*, dachte er, *warum nur fällt mir mein Name nicht ein? Ich müsste doch wissen, wie ich heiße.*

Auch das Eichhörnchen war verblüfft. „Das gibt es doch gar nicht, dass man seinen Namen nicht kennt." Dabei rückte es näher an den Raben heran. Dieser überlegte hin und her, aber sein Name fiel ihm nicht ein.

„Wo kommst du denn her?", fragte das Eichhörnchen voller Anteilnahme.

Der Rabe überlegte und überlegte, aber auch auf diese Frage konnte er keine Antwort finden. Schließlich musste er sich vor Amanda eingestehen: „Ich hatte vorhin einen Unfall. Ob mir dieser Schlag auf den Kopf mein Gedächtnis geraubt hat?"

„Ach, das ist aber arg schlimm für dich. Wenn man keinen Namen hat, dann weiß man auch nicht, wohin man gehört. Wie einsam musst du dich doch fühlen."

„Ja, du hast Recht", pflichtete der Rabe dem Eichhörnchen bei und strengte sich noch einmal mächtig an, um seinen Namen herauszufinden. Aber alle Mühe war vergeblich.

„Wie soll ich dich bloß ansprechen, wenn wir zwei uns unterhalten wollen?"

„Jetzt erst merke ich, wie wichtig der Name ist. Darüber habe ich noch nie nachgedacht", meinte der Rabe, der eigentlich ein kluges Köpfchen war. „Nenne mich einfach Ey du." Der Rabe blieb still auf seinem hohen Ast sitzen, während das Eichhörnchen auf einen andern Baum kletterte.

„Ey du", rief es herüber, „Ey du ist ein schrecklich blöder Name. Eigentlich kann jeder so heißen. Überlege dir lieber einen anderen Namen."

„Du hast Recht." Der Rabe nickte nachdenklich mit dem Kopf. „Ey du kann man zu jedem sagen. Ich bin sehr verärgert, dachte ich doch bisher, ich sei ein ganz besonderer Rabe. Ich bin kein Ey du. Wenn ich nur wüsste, wer meine Freunde und Verwandten sind. Sie könnten mir bestimmt helfen. Seltsam, dass ich noch nie darüber nachgedacht habe, wie sehr der Name einen von dem anderen unterscheidet. Sitzen 20 Raben auf einer Eiche, dann könnten sich alle angesprochen fühlen, wenn man zu ihnen „Ey du" herüberriefe. Vielleicht wäre mir jetzt wohler zumute, wenn ich mir einen Flügel gebrochen hätte, als das Gedächtnis zu verlieren."

Der Rabe flog zu der Birke am Rande des Waldes. *Wo ich wohl hingehöre? Ich habe keinen Namen und auch kein Zuhause. Da ist man ganz elend dran.* Er senkte den Kopf und versuchte ganz angestrengt nachzudenken, aber all sein Bemühen war vergeblich. Er konnte sich einfach an nichts erinnern.

„Ey du!", rief ein anderer Rabe und setzte sich auf seinen Ast.

„Hau ab", krächzte der Rabe Ey du. Wut stieg in ihm auf.

„Ey du, warum hast du nur so eine miese Laune?", fragte der andere Rabe.

„Zieh Leine!" Mit ärgerlicher Stimme und mit finsteren Blicken schaute er ihn an.

„Komisch, so wütend habe ich dich doch noch nie gesehen. Du bist aber wirklich ein schrecklicher Kerl. Unhöflich und arrogant dazu."

„Kennst du mich?", fragte Ey du ungläubig.

Da brach der andere Rabe in ein lautes, krächzendes Lachen aus. „Komm, mach doch keinen Unsinn, Theo."

„Theo? Heiße ich wirklich Theo?"

„Was ist mit dir los? Was soll diese dumme Frage? Natürlich heißt du Theo, und du wohnst in der Lumpenbuche. Ich bin doch dein Nachbar."

Jetzt fiel es Ey du wie Schuppen von den Augen. „Klar, ich heiße Theo. Jetzt fällt mir alles wieder ein."

So weit die Geschichte vom Raben Ey du.

Hier nimmt sie ein glückliches Ende. Ich kenne aber andere Lebensgeschichten, die keinen so guten Verlauf haben. Menschen können darüber alt werden und wissen nicht, woher sie kommen, wie sie eigentlich heißen, wer ihre Eltern und Geschwister sind.

Die folgende Geschichte wird uns dies aufzeigen, und das ist auch der Grund, warum ich vom Raben Ey du erzählt habe.

Wie ein Vogel aus dem Nest gestoßen

Eine Frau ruft mich an: „Hallo, Frau Bormuth, ich habe Ihr Buch gelesen *‚Und doch lacht mir die Sonne'*. Irgendwie werde ich den Eindruck nicht los, dass wir beide einige Gemeinsamkeiten haben. Sie können mir vielleicht helfen, meine Wurzeln zu finden; denn ich komme mir oft vor wie ein Vogel, der aus dem Nest gefallen ist. Ich weiß nicht, wer meine Eltern sind, wo ich geboren und wo ich aufgewachsen bin. Sogar meinen Familiennamen kenne ich nicht. Ich weiß nur, dass ich Irene heiße. Mein Familienname ist mir später gegeben worden, als ich aufgegriffen wurde.

Als ich das las, was Sie über Ihre Heimat Bessarabien schreiben – das ist das heutige Moldawien und ein Stück der Ukraine –, wurde es mir so warm ums Herz. Ich bin auch wie Sie mehrsprachig aufgewachsen. Meine Eltern müssen Deutsch mit mir gesprochen haben, aber ich konnte auch Rumänisch und ein paar Brocken Russisch. Sie berichten in Ihrem Buch über mehrere Lageraufenthalte bei der Umsiedlung. Auch wir waren als Familie in großen Fabrikhallen untergebracht. Ständig hatten wir Hunger, weil das Essen nicht ausreichend und zudem auch noch schlecht zubereitet war. Wir haben auch in Stockbetten geschlafen, die zudem keine Laken hatten. Ich glaube, es waren vier an der Zahl. Ich hatte nämlich sieben Geschwister. Wir teilten uns immer zu zweit ein Bett. Einige waren älter als ich und andere jünger. Einen besonderen Spaß hatten wir daran, Flöhe zu fangen und sie mit dem Daumennagel totzudrücken. Die Plagegeister haben uns auch übel mitgespielt, und deshalb hatten wir kein Mitleid mit ihnen.

Ständig dachte ich ans Essen, denn wir mussten in dieser Zeit Hunger leiden. Einmal hat mir eine Frau ein Stückchen Brot geschenkt. Darüber war ich glücklich. Aber das ist auch alles, was mir aus der Lagerzeit im Gedächtnis geblieben ist. Eigentlich müsste ich mehr wissen; aber so sehr ich mich auch quäle, aus der Tiefe etwas abzurufen, bleibe ich doch erfolglos. Später müssen wir in einem Dorf in der Nähe der Stadt Mohrungen gelebt haben, denn eines Tages sagte Mutter zu mir: ‚Irene, morgen müssen wir zum Impfen nach Mohrungen.'

An meinen Vater habe ich nur schwache Erinnerungen. Aber sie sind mir bedeutsam. Ich sah ihn am Küchentisch sitzen und die Bibel lesen. Gerne hat er auch Choräle gesungen oder sie vor sich hin gesummt. In dieser Zeit muss ich sehr krank geworden sein, denn ich erinnere mich noch an einen Arzt, der die Bettdecke beiseite schob und mit einer Taschenlampe mein Bein beleuchtete. Er untersuchte es. Ich hatte große Angst und schrie wie am Spieß. Ich muss wohl an Kinderlähmung erkrankt sein, denn ich konnte nicht mehr laufen. Ich probierte es immer wieder, aber ich schaffte es nicht, mich auf den Beinen zu halten. Auch als Mutter mir ein Bonbon versprach, wenn ich gehen könnte, nützte alles Abmühen nicht. Ich blieb lahm und konnte später nur an Krücken gehen. Meist aber rutschte ich auf dem Hosenboden durch die Wohnung oder lief auf allen vieren. Es war erstaunlich, wie flink und geschickt ich mich dabei anstellte.

In unserer Familie war es üblich, dass wir uns vor dem Schlafengehen am Bett niederknieten und unser Nachtgebet sprachen. An der Wand hing ein wunderschönes Bild, das mir bedeutsam war. Es muss wohl ein Jesusbild gewesen sein; denn beim Beten richtete ich immer meinen Blick auf das Bild.

Bei sieben Geschwistern blieb es nicht aus, dass wir öfter auch ein Fest feierten, meist wenn ein Baby getauft wurde. Das war ein großes Ereignis. Nur einmal passierte ein Missgeschick. Mutter wollte ein Taufkissen nähen und dabei platzte das Inlett auf. Die Federn stoben durch die Luft und flogen im Zimmer umher. Das war für uns Kleinen spaßig anzusehen. Aber hernach mussten wir alle mithelfen, die Federn wieder einzusammeln.

Mit meinen Krücken hatte ich so meine Schwierigkeiten. Das Laufen damit wurde für mich zu einer Plackerei. Aber einmal entdeckte ich zwei fremde Frauen, die auf der Straße gingen. Schnell griff ich zu meinen Krücken, machte ein trauriges Gesicht und erreichte, dass mir diese Damen Süßigkeiten zusteckten. Ich machte mir mein Leiden zunutze. Von einer Nachbarin erhielt ich öfter ein gekochtes Ei.

In der Nähe unseres Hauses gab es einen Garten mit Spalierobst. Ich erinnere mich noch, wie ich unter einem Baum saß und mit der Krücke versuchte, einen Apfel abzuschlagen. Dabei wurde ich von einem Mann beobachtet, der mir mit dem Finger drohte. Ich bekam Angst und schämte mich. Hätte er dies meiner Mutter erzählt, so hätte sie mich sicher sehr hart bestraft. Lügen und Stehlen waren nämlich verboten.

An einem Nachmittag saß ich unter unserem Küchentisch und spielte mit einer Schlabberpuppe. Sie war aus Stoffresten zusammengenäht. Plötzlich ging die Tür auf, und ein Mann sprang herein. Er griff nach meiner Mutter und schlug sie. Ich war entsetzt vor Angst und verhielt mich ganz ruhig. Ich fürchtete mich davor, dass er mich auch noch verprügeln würde. Später sah ich Mutter auf ihrem Bett liegen. Sie weinte und kühlte sich mit einem feuchten Tuch die Stirn.

An manchen Abenden wurde ich in einer Zinkwanne gebadet. Das Wasser war ganz grün. Wahrscheinlich hatte Mutter eine heilende Medizin dazugetan, die mir helfen sollte, dass ich wieder meine Beine gebrauchen konnte.

Wenn der Heiligabend vor der Tür stand, dann schmückte Mutter den Tannenbaum mit roten Äpfeln, Kerzen und Lametta. Das war lustig anzuschauen.

Ich erinnere mich noch sehr gut daran, dass Mutter vor einem großen Korb Flickwäsche stand. Da betrat eine Nachbarin die Küche, und ich hörte, wie Mutter zu ihr sagte: „Die Flickerei und Stopferei will gar kein

Ende nehmen. Die Kinder machen auch zu viel beim Spielen und Toben kaputt. Nur Irene verschont mich mit Ausbesserungsarbeiten. Sie zerreißt fast gar nichts."
Da habe ich mich über Mutter geärgert. Ich wollte nämlich, dass sie auch etwas für mich tun sollte, denn ich kam mir oft überflüssig vor. Da habe ich etwas Schlimmes getan. Mit einer Schere schnitt ich aus meinem karierten Kleid ein Karo heraus und brachte das löchrige Kleid zu meiner Mutter. Ich wollte doch auch einmal bei ihr im Mittelpunkt stehen. Mutter war darüber entsetzt; denn es war mein bestes Kleid, aber das habe ich nicht gewusst.

Von meinen Schwestern kenne ich nur den Namen meiner ältesten Schwester. Sie hieß Trudchen, und musste oft auf mich aufpassen. Da ich ein störrisches Kind war, hat sie es mit mir nicht immer leicht gehabt. Einer meiner größeren Brüder hieß Leusek. Über die anderen Geschwister kann ich gar nichts sagen.

Es muss in der Zeit gewesen sein, als die Ostfront immer näher rückte. Von der Ferne hörten wir schon den Kanonendonner. Meine Mutter hatte sich auf den Weg gemacht, um Vater zu suchen. Er muss wahrscheinlich beim Volkssturm eingezogen worden sein. Mitten in der Nacht klopfte jemand an unser Fenster. Es war Mutter, die ergebnislos von ihrer nächtlichen Suche nach Papa heimkehrte. Eine Frau, die auf uns in dieser Nacht aufpassen sollte, ging zum Fenster. Da berichtete ihr meine Mutter, dass Vater schon mit einem Trupp anderer Volkssturmmänner mit einem Lastwagen unsere Gegend verlassen hatte. Sie war unsäglich traurig; denn nun stand sie mit uns Kindern allein da. Plötzlich setzte ein eifriges Schaffen und Treiben bei uns ein. Die Kaninchen wurden schnell geschlachtet und auf den Planwagen gepackt, der schon vor unserer Haustüre stand. Vor die Deichsel wurden zwei Ochsen gespannt. In aller Eile verließ meine Familie unseren Heimatort. Einmal haben wir in einer Schule übernachtet, denn ich kann mich noch gut an die Tintenfässer erinnern. Als ich später in Hannover eingeschult wurde und ich die Bänke mit den Tintenfässern sah, kam mein Erinnerungsvermögen ein Stück weit wieder. In Ostpreußen war ich nämlich noch nicht in die Schule gegangen.

Irgendwann muss ich meiner Mutter abhanden gekommen sein. Wie das passiert ist, weiß ich nicht mehr. Jedenfalls fand ich mich auf einer Decke liegend auf einer Wiese vor. Außerdem lagen noch einige persönliche Dinge um mich herum: unser Wecker, ein eingerahmtes Bild meiner Mutter und noch andere Kleinigkeiten. Als ich sah, dass ich ganz allein zurückgeblieben war, überfiel mich schreckliche Angst. Plötzlich tauchten am Himmel Tiefflieger auf. Sie sausten über meinen Kopf hinweg. Ich warf mich auf die Wiese und stellte mich tot, aber das hinderte sie nicht daran, auf mich armes, wehrloses Kind zu schießen. Streifschüsse erwischten mich am Bein und an der Schulter.

Als die Jagdbomber wieder abgezogen waren, richtete ich mich auf und guckte in die Ferne. Zwei Soldaten entdeckten mich. „Onkel, Onkel!", rief ich sie um Hilfe an. Sie kamen sofort auf mich zu. Die Soldaten fragten gleich nach meinen Eltern, aber ich konnte ihnen keine Auskunft geben. Ich wusste plötzlich nicht mehr, wie ich hieß und hatte sonst alles vergessen, was mich noch an meine Heimat hätte erinnern können. Ich nehme an, dass mir der Kanonendonner der russischen Panzer und der Tieffliegerbeschuss das Erinnerungsvermögen geraubt haben, denn ich hatte schreckliche Angst und muss wohl einen Schock erlitten haben. So hockte ich im Schnee, fror mächtig und weinte. Der deutsche Soldat hob mich frierendes Würmchen auf, hüllte mich in eine Decke und gab mir aus seiner Feldflasche Tee zu trinken. Unterwegs sah ich brennende Häuser und viele Kühe, die nicht wussten, wohin sie rennen sollten. Aber bald danach muss ich vor Erschöpfung an seiner Seite eingeschlafen sein.

Die beiden Soldaten brachten mich zu einer Sanitätsstelle, wo meine Wunden verbunden wurden. Meine blutdurchtränkten Kleider wurden mir ausgezogen, und so sah ich, dass auch mein Po verletzt worden war. Übrigens entdeckten Ärzte Jahre später bei einer Röntgenuntersuchung, dass in meinem Kopf noch ein Splitter steckte. Er hat sich verkapselt und macht mir bis heute keine Beschwerden. Neue Unterwäsche und sonstige Bekleidung wurden mir gegeben, und dann müssen mich meine Retter auf ein Flüchtlingsschiff gebracht haben. So gelangte ich bis nach Stettin. Dort bin ich in einen Zug gesetzt worden, der Richtung Hannover fuhr. Im Bahnhofsbunker zwischen toten Soldaten wurde ich gefunden. Rotkreuzschwestern nahmen mich in ihre Obhut. Inzwischen muss der Krieg schon zu Ende gegangen sein. Die Menschen waren nicht mehr so von der Angst besessen.

Ich wurde in ein Kinderheim gebracht. Ich kann nicht sagen, wie mein Fluchtweg aus Ostpreußen verlaufen war. In Hannover blieb ich längere Zeit. Die Behörden wurden eingeschaltet, und ich wurde ausgefragt. Ich konnte aber keine rechte Antwort geben. Meist fing ich an zu weinen, wenn die Sprache auf meine Mutter kam. Ich hatte solche Sehnsucht nach ihr. An sie konnte ich mich noch vage erinnern. Wer mein Vater sein könnte, darüber weiß ich nichts zu sagen. Wahrscheinlich war er wie viele Männer seines Alters mit den kämpfenden Soldaten an der Front in Gefangenschaft geraten.

Dass ich Irene heiße, das wusste ich. So mussten mir die Behörden nur noch einen Nachnamen geben. Er wurde willkürlich ausgesucht, und heute heiße ich Irene Grabbe. Ich habe jetzt den Namen meines Mannes angenommen. Mein Geburtsjahr wurde auf das Jahr 1934 festgelegt. Wahrscheinlich bin ich aber etwas älter, sonst hätte ich nicht mehrsprachig aufwachsen können. Große Sehnsucht hatte ich auch nach meinen Geschwistern. Wo sie wohl geblieben sind? Wie ich dazu kam, mich mitten im kalten Winter auf eine Wiese zu setzen, weiß ich nicht. Ich habe sicherlich den Pferdewagen meiner Mutter aus den Augen verloren, als mal eine Rast gemacht wurde. Wahrscheinlich hat man vergessen, mich wieder auf den Wagen zu setzen. Es kann aber auch ganz andere Gründe haben. Immer wieder sah man auf der Flucht Kinder, die ihre Eltern suchten.

Adoptiveltern gaben mir ein neues Zuhause. Gerne lasse ich mich Irene rufen, weil ich weiß, dass dies mein richtiger Name ist.

In der Zeit, als ich eine eigene Familie gründete, bedrängte es mich nicht so sehr, dass ich mit einer angenommenen Identität leben muss. Aber jetzt im Alter bricht die Sehnsucht auf, und ich frage mich: Leben meine Eltern noch? Wo sind meine Geschwister geblieben? Ich möchte sie doch alle so gerne sehen und sie in meine Arme schließen. Aber mit jedem Tag, den ich lebe, verringert sich diese Chance. Oft bin ich verzweifelt. Ja, es stimmt, ich bin wie ein Vogel, der aus dem Nest gefallen ist."

Dies ist der Bericht von Irene Grabbe, den sie mir später auch schriftlich übermittelt hat. Bei unserem ersten Telefonat sagte ich fast kein Wort. Ich habe nur bewegt zugehört. Diese Lebensgeschichte ging mir unter die Haut.

Wie entwurzelt muss sich ein Mensch fühlen, der noch nicht einmal weiß, woher er kommt. Vielen Kindern ist das gleiche Schicksal widerfahren. Mütter standen in dieser Zeit auf den Bahnsteigen und suchten nach ihren verlorenen Lieblingen. Sie hielten den Reisenden Fotos entgegen und fragten immer wieder: „Kennen Sie dieses Kind? Es ist meine Tochter, etwa fünf Jahre alt."

Mich bewegte die Traurigkeit von Frau Grabbe sehr. Ich schwieg lange. Dann aber wurde ich an einige Verse aus der Bibel erinnert. Sie berichten von Jakob, der sich in ausweglos er Situation total verlassen fühlte. In der Wüste hockte er auf einem Stück Fels und war von Schwermut erfüllt. Von den Menschen ausgestoßen, sah Jakob keinen Schimmer von Hoffnung in seinem Leben. Aber dann erbarmte sich Gott und fand ihn in der Wüste, in der dürren Einöde. Er umfing ihn, hatte Acht auf ihn und behütete ihn wie seinen Augapfel. Wie ein Adler seine Jungen ausführt und über ihnen schwebt, breitete er seine Fittiche aus und nahm ihn und trug ihn auf seinen Flügeln. So steht es in 5. Mose 32,10-11.

„Solch einen Gott haben wir, der sich unser angenommen hat", machte ich Frau Grabbe Mut. „Sie sind nicht wie ein Vogel, der aus dem Nest gestoßen ist, sondern Gottes geliebtes Kind, das er selber unter den Schutz seiner mächtigen Flügel nimmt. Auch wenn Ihr Schicksal ergreifend ist, sollen Sie doch wissen: der Allerhöchste, Ihr Herr und Schöpfer ist Ihnen ganz nah und wacht über Ihrem Leben. Es gibt ein wunderbares Lied von Paul Gerhardt, das uns diese Liebe vor Augen führt:

„Sollt ich meinem Gott nicht singen? Sollt ich ihm nicht dankbar sein?
Denn ich seh in allen Dingen, wie so gut er's mit mir mein'.
Ist doch nichts als lauter Lieben, das sein treues Herze regt,
das ohn Ende hebt und trägt, die in seinem Dienst sich üben.
Alles Ding währt seine Zeit, Gottes Lieb in Ewigkeit.

Wie ein Adler sein Gefieder über seine Jungen streckt, also hat auch hin und wieder mich des Höchsten Arm bedeckt,
alsobald im Mutterleibe, da er mir mein Wesen gab und das Leben, das ich hab und noch diese Stunde treibe.
Alles Ding währt seine Zeit, Gottes Lieb in Ewigkeit.

Sein Sohn ist ihm nicht zu teuer, nein, er gab ihn für mich hin,
dass er mich vom ewgen Feuer durch sein teures Blut gewinn.
Oh du unergründ'ter Brunnen, wie will doch mein schwacher Geist,
ob er sich gleich hoch befleißt, deine Tief ergründen können!
Alles Ding währt seine Zeit, Gottes Lieb in Ewigkeit.

*Weil denn weder Ziel noch Ende sich in Gottes Liebe find't,
ei so heb ich meine Hände zu dir, Vater, als dein Kind,
bitte, wollst mir Gnade geben, dich aus aller meiner Macht
zu umfangen Tag und Nacht hier in meinem ganzen Leben,
bis ich dich nach dieser Zeit lob und lieb in Ewigkeit."*

Dann gab ich meiner Gesprächspartnerin noch die Telefonnummer vom Internationalen Suchdienst in Arolsen. Sie möge doch bitte die wenigen Angaben, die sie über ihr Leben machen kann, dorthin durchgeben. Ihre Eltern würde sie wohl nicht mehr finden, aber von den Geschwistern könnten doch noch einige leben. Ich weiß, dass dieser Suchdienst schon manch eine Familie zusammengeführt hat.

Nun bin ich gespannt, wie dieses Schicksal enden wird.

Unser letztes Weihnachtsfest in Polen

1944 war für meine Familie ein schweres Jahr. Wir hatten in dieser Zeit zwei Verwandte zu beklagen: meinen Onkel Emil, der in Russland vermisst war, und meinen Cousin Willi, der gefallen war. Wir ahnten, dass wir wohl nicht mehr lange auf unserem Sitz in Polen bleiben durften. Die russische Front rückte immer näher, und wir hörten schon Kanonendonner und sahen den Lichtschein des Mündungsfeuers am Himmel. Meine Mutter lag lebensgefährlich erkrankt in der Klinik, und wir bangten um ihr Leben. Sie erwartete unser Geschwisterchen. Das hatte uns Großmutter erzählt, die jetzt den Haushalt übernommen hatte. Aber würde Mutter überhaupt durchkommen? Ich hatte zufällig ein Gespräch belauscht, weil ich noch nicht eingeschlafen war. Vater war aus dem Krankenhaus gekommen und hatte mit dem Arzt gesprochen, der zu ihm gesagt hatte: „Herr Hannemann, wenn wir das Fieber nicht schnell in den Griff bekommen, habe ich wenig Hoffnung für Ihre Frau."

Ich erinnere mich noch genau an diese Nacht, in der ich in meine Kissen heulte. Meine Mama würde vielleicht sterben müssen. Das war ein schrecklicher Gedanke. Ich faltete unter der Bettdecke meine Hände und flehte zu Gott: „ Tausend-, tausendmal will ich dir danken, lieber himmlischer Vater, wenn du meine Mama wieder gesund machst."

Nun stand Weihnachten vor der Tür. Es war meinem Vater nicht nach Feiern zumute, und ich fürchtete schon, dass es wohl in diesem Jahr keine Christnacht geben würde. Aber da ergriff Großmutter die Initiative. „Albert", sagte sie zu meinem Vater mit bestimmtem Ton, „gerade jetzt brauchen wir Weihnachten. Wenn Kriegsgeschrei unsere Ohren fast betäubt, der erbitterte Kampf an der Ostfront uns liebe Menschen nimmt, wenn Else mit dem Tode ringt, brauchen wir Weihnachten. Mitten in unserem Kummer müssen wir Christi Geburt feiern, sonst verzweifeln wir noch. Das Christuskind will gerade in unserer Dunkelheit und Finsternis Trost und Hilfe sein."

Und sogleich gab Großmutter unserer Magd Grulka Anweisung, Plätzchen zu backen. Sie selbst machte sich an die Arbeit, um Schokoladenbonbons herzustellen. Wir Kinder aber standen um sie herum und durften die Schüsseln auslecken. Wenn sie ein Blech mit Schokoladenmasse bestrichen hatte, schnitt sie die Ränder glatt und steckte uns die wunderbaren Schokoladenbonbons in den Mund. Für einige Stunden vergaßen wir das Leid. Und wie alle Jahre wurde eine Tanne geschmückt mit Kerzen, bunten Kugeln und Lametta. Dann standen wir um den Christbaum herum und sangen wie sonst in den Jahren zuvor auch unsere Weihnachtslieder: „Süßer die Glocken nie klingen", „Stille Nacht, heilige Nacht" und „Welchen Jubel, welche Freude".

Dann aber wurden wir durch ein lautes Klirren aufgeschreckt. Meine ältere Schwester wollte in besonderer Weise an unseren Onkel Emil und meinen Cousin Willi denken und hatte ihre Fotos mit zwei Kerzen in die Glasvitrine gestellt. Dabei hat sie nicht bedacht, dass das Glas durch die Hitze springen könnte. Wir waren alle sehr erschrocken. Das Klirren des Glases war wie eine Vorahnung auf Schlimmeres, das nur wenige Tage später folgte, nämlich die Flucht mit der schwerkranken Mutter auf dem offenen Kastenwagen mitten im eisigen Winter.

Meine Großmutter beseitigte die Scherben und ließ sich dann nicht abhalten, auch das letzte Lied anzustimmen: „O du fröhliche, o du selige, gnadenbringende Weihnachtszeit."

Seitdem bewegt es mich immer wieder besonders, wenn ich die nachfolgen Zeilen dieses Liedes singe: „Welt ging verloren, Christ ist geboren: Freue, freue dich, o Christenheit!"

Schokoladenbonbons

Nun werden Sie, liebe Leser, sicher gespannt sein, wie Großmutter ihre Schokoladenbonbons hergestellt hat.

Dazu brauchte sie fünf Glas Milch (noch besser süße Sahne), fünf Glas Zucker, ein Päckchen Vanillinzucker, fünf Teelöffel Kakao und ein Glas gehackte Nüsse.

In einem Topf werden Milch (Sahne), Vanillinzucker und Zucker bei leichter Hitze etwa zwei Stunden erhitzt, bis sich die Masse bräunlich färbt und fester wird. In einem kleinen Schälchen probiert man dann, ob die Masse schon bindet. Wenn dies nicht der Fall ist, lässt man den Bonbonbrei noch etwas länger kochen.

Dann muss man den Kakao mit etwas kalter Milch glatt rühren und behutsam der Masse beimengen. Das Ganze wird noch einmal aufgekocht und dann von der Kochplatte genommen. Jetzt kann man die Nüsse dazugeben und die Masse abkühlen lassen. Wenn sie dickflüssig geworden ist, streicht man sie einen Zentimeter hoch auf ein gefettetes Backblech. Nach dem Erkalten kann man daraus Bonbons in gewünschter Größe schneiden.

Spritzgebäck

Zu diesen Plätzchen brauchte Grulka 500 g Mehl, 250 g Butter, 250 g Zucker, 6 Eigelb, 2 Päckchen Vanillinzucker und einen Teelöffel Backpulver. Grulka erlaubte uns, von diesen Zutaten einen Teig zu kneten. Eine halbe Stunde wurde er dann kalt gestellt. Dann holte Großmutter aus der Speisekammer den Fleischwolf hervor, schraubte eine Vorrichtung an, und dann konnte das Plätzchenbacken schnell vorangehen. Der Teig wurde durch den Fleischwolf gedreht, und wir Kinder legten die Plätzchen auf ein gefettetes Backblech. Die Backzeit dauerte nur wenige Minuten bei mittlerer Hitze, bis das Spritzgebäck hellgelb wurde. In großen Dosen wurde das Backwerk bis Weihnachten aufgehoben. Allerdings hat Großmutter uns zuvor mit fünf Plätzchen für die Hilfe belohnt.

Eine Odyssee geht zu Ende,
und das Leben mit Jesus beginnt

Valentina (Name wurde geändert) berichtet:
„Mein Leben war eine einzige Odyssee. Geboren wurde ich in der Ukraine ganz in der Nähe des Schwarzen Meeres. Aber dann mussten meine Eltern bei Ausbruch des Krieges 1941 ihre Heimat verlassen und wurden weit ins Innere Russlands bis an die Wolga umgesiedelt. Aber auch hier konnten sie nicht lange bleiben. Man hat sie mit vielen Deutschstämmigen nach Kasachstan verfrachtet. Früher waren meine Eltern wohlhabende, selbständige Bauern gewesen, jetzt aber mussten sie in der Kolchose arbeiten. Es war ein mühevolles, entbehrungsreiches Dasein. Aber wir haben überlebt.

Meine Eltern waren Christen und nahmen es mit ihrem Glauben sehr ernst. Sie waren sogar bereit, dafür Gefangennahme und Verbannung auf sich zu nehmen. Nie und nimmer wollten sie Christus abschwören. Im sowjetischen Reich war Gott verpönt, und so mussten sich die Frommen heimlich in ihren Wohnungen zum Gebet und Bibelstudium treffen. Die Gotteshäuser waren schon lange geschlossen worden und zu Lagerhallen, Kinos oder Offizierskasinos umfunktioniert.

Meiner Mutter war es ein großes Anliegen, dass ich

doch auf den Weg zu Jesus kommen sollte. Es war an dem Tag, als meine Schwester konfirmiert wurde, da sollte auch ich die heilige Taufe empfangen. Ich war sechs Jahre alt. Das Zimmer wurde ganz verdunkelt, damit ja kein Schimmer von Licht nach draußen dringen konnte. Wäre diese Versammlung entdeckt worden, dann hätten meine Eltern in die Verbannung geschickt werden können. Ich erinnere mich noch sehr gut an diesen Taufgottesdienst. In aller Schlichtheit fand er statt. Als das Vaterunser gebetet wurde, konnte ich es sogar mitsprechen. Meine Mutter hatte es mich schon sehr früh gelehrt. So habe ich auch viele biblische Geschichten gehört und Choräle gesungen.

Als ich dann das Sakrament der Taufe empfing, begriff ich aber noch nicht die große Liebe des Herrn Jesus zu mir. Ich wollte zu ihm kommen, fand aber den Weg nicht. Ich ermattete in meinem Suchen und bewegte mich mehr und mehr außerhalb der christlichen Gemeinde. Weit driftete ich von Gott fort. Als ich sehr jung heiratete, bahnte sich eine Katastrophe an.

Mein Mann war kein Christ und sprach dem Wodka stark zu. Ich dachte in meiner Naivität, ich könnte ihn vom Trinken abhalten. Aber das war ein Fehlschluss. Wladimir wurde zum Alkoholiker, verlor dadurch auch seine Arbeit, und ich musste sehen, wie ich mich mit meinem Töchterchen allein durchschlug. Unsere Ehe wurde geschieden. Ich fand eine Stelle als Krankenschwester. An einem Morgen wurde unser

Sanitätswagen zu einem Notfall gerufen. Wie das Unglück geschehen konnte, weiß ich nicht. Jedenfalls stieß unser Auto mit einem Lastwagen zusammen. Schwer verletzt wurde ich in die Klinik eingeliefert. Erst als ich aus der Bewusstlosigkeit erwachte, erfuhr ich, was sich ereignet hatte. Die Angst packte mich, ob ich überhaupt mit dem Leben davonkommen würde. Meine Tochter brauchte mich doch so dringend. So betete ich zu Gott, und der Herr tat ein Wunder. Viele Wochen lag ich im Krankenhaus, bis alle Brüche und Wunden verheilt waren. Ich wurde wieder gesund.

Meine Tochter war inzwischen herangewachsen und hatte geheiratet. Aber ihre Ehe erlitt das gleiche Schicksal wie meine. Auch ihr Mann wurde zum Trinker. In unserem Ort spielte der Alkohol eine große Rolle, und Väter verführten ihre Söhne zum Trinken. Meine Tochter ließ sich scheiden, als sie ihr erstes Kind erwartete. Für mich war es ein großes Wunder, als ich die Geburt meines Enkelkindes miterleben durfte. Ich war der glücklichste Mensch, als ich ein gesundes Baby im Arm halten konnte. So dankte ich Gott, obwohl ich noch nicht in eine enge Beziehung zu ihm getreten war.

Aber sechs Wochen später erkrankte der Säugling schwer und schwebte in Todesgefahr. Wieder faltete ich meine Hände und erlebte erneut ein Wunder. Meine Sehnsucht nach Gott, der mein Gebet erhört hatte, wurde stärker; aber noch immer fand ich nicht zum göttlichen Frieden.

Als es sich bei uns in der Stadt herumsprach, dass wir Deutsche einen Ausreiseantrag stellen konnten, um ins Land unserer Vorfahren umzusiedeln, hielt mich nichts mehr zurück. Ich wollte unbedingt nach Deutschland. Ich hatte in Kasachstan zu viel Not, Elend und Entbehrung erlebt. Von den ersten Übersiedlern drangen gute Nachrichten bis zu uns herüber. Sie hatten Geld erhalten, konnten sich eine Existenz aufbauen, und einige von ihnen besaßen schon ein Auto oder bauten sich ein Haus. Mein Ausreiseantrag wurde genehmigt, aber meine Tochter mit ihrem Kind durfte ich nicht mitnehmen. Ihr Antrag war zurückgewiesen worden. Ich ging tief in den Wald hinein und schrie zu Gott, er möge sich doch über mich erbarmen. Ich würde jetzt nach Deutschland ausreisen, aber er könnte doch so freundlich sein und dafür sorgen, dass meine Tatjana mit ihrer Anuschka nachkommen könnte. Noch einmal erlebte ich Gottes Fürsorge und seine Freundlichkeit. Gott erhörte mein Gebet. Zweieinhalb Jahre später traf meine Tochter mit ihrem Kind im Lager Friedland ein, und ich durfte sie in die Arme schließen. Ein größeres Glück hätte mir nicht widerfahren können.

Aber tief in meinem Herzen empfand ich noch immer eine innere Leere. Noch hatte ich Christus nicht als meinen Retter angenommen. Es ist eine wunderbare Führung, dass ich neben einer Nachbarin wohne, die bewusst Christ ist. Sie hat mich eingeladen, hier nach Schwäbisch Gmünd zur Gästewoche auf den Schönblick zu kommen und an der Pro Christ Veranstaltung teilzunehmen. Heute Abend hat Pfarrer Parzany alle dazu aufgerufen, nach vorne zu kommen, die Christus nachfolgen wollen. Mein Herz schlug mir bis zum Halse, aber ich wagte den Schritt. Nun will ich das vollziehen, was ich schon lange hätte tun sollen. Jesus Christus soll Herr meines Lebens werden, und ich will ihm nachfolgen ohne Wenn und Aber. Können Sie mir helfen, Frau Bormuth, dass ich ein Gotteskind werde?"

So weit der Bericht von Valentina. Ich war als Seelsorgerin auf dem Schönblick eingesetzt. Es folgte ein Beichtgespräch, über das ich Stillschweigen bewahren will, und dann knieten wir beide nieder. Satz für Satz sprach ich meiner Gesprächspartnerin ein Gebet vor, und Valentina sprach es nach. So wurde sie Christ. Im Himmel aber brach Freude aus über einen Menschen, der zu Gott gefunden hatte.

Autorenadresse:
Lotte Bormuth
Sperberweg 8a
35043 Marburg
Telefon 06421/41347

Weitere Bücher von Lotte Bormuth

Liebe zählt immer
ISBN 978-3-86122-667-3
192 Seiten, kartoniert
Für ihre vielen Bücher schöpft die bekannte Autorin aus einem reichen Leben – reich an ernsten wie frohmachenden Erlebnissen mit ihrem Herrn. Daneben lässt sie die unzähligen Weggefährten zu Wort kommen, die ihr im Lauf der Jahre über den Weg geschickt und aufs Herz gelegt worden sind.

Was mich hoffen lässt
ISBN 978-3-86122-802-8
128 Seiten, gebunden
Lotte Bormuth ist in ihrem Leben schon vielen Menschen begegnet. In all diesen Schicksalen ist etwas Besonderes zu entdecken: Egal, wie grob der Teppich des Lebens geknüpft wurde – ist er fertig, dann erkennt man die Goldfäden der Liebe Gottes, die er unablässig hineingewoben hat. Seine Goldfäden sind es, die ein Leben wertvoll machen.

Leben im Gegenwind
ISBN 978-3-86122-803-5
128 Seiten, gebunden
In diesem Buch von außergewöhnlicher Tiefe lässt Lotte Bormuth fünf Menschen zu Wort kommen, die auf ihrem Lebensweg die Stürme nicht nur von fern drohen sahen. Doch je wilder die Orkane auf sie niederbrachen, desto wundervoller wurden ihre Erfahrungen mit Gott. Es sind erschütternde Geschichten, die uns Mut machen am Ziel unseres Lebens festzuhalten – dem Frieden bei Gott!